Diogenes Taschenbuch 24773

AF202813

Alles auf Anfang

*Geschichten von Aufbruch,
Ende und Neubeginn*

Diogenes

Nachweis am Ende des Bandes
Covermotiv: Gemälde von Vicki McGrath,
›Lemons With Pattern‹, 2021
Copyright © Vicki McGrath
Druck und Bindung: Druckerei C. H. Beck, Nördlingen

Originalausgabe
Alle Rechte an dieser Ausgabe vorbehalten
Copyright © 2025
Diogenes Verlag AG Zürich
info@diogenes.ch · www.diogenes.ch
100/25/36/1
ISBN 978 3 257 24773 2

Für ub

Inhalt

Vorort

I.

Manchmal schlief er im Zug ein. Wenn er schon am frühen Morgen im Büro sein musste, kurz nach sechs aufstand und kurz nach sieben im Zug saß, war er auf der abendlichen Heimfahrt müde, suchte einen Platz am Fenster, verbarg den Kopf im Mantel und schlief ein, sobald der Zug fuhr, die Räder rollten und der Waggon sich leicht wiegte. Dass er bei der fünften Station aussteigen musste, war ihm in Fleisch und Blut übergegangen.

Es war kein tiefer Schlaf. Um ihn herum wurde geredet oder Musik gehört oder Computer gespielt, nicht laut, aber laut genug, dass Fetzen eines Gesprächs oder einer Melodie oder das Pochen von Schüssen und Explosionen in seinen Schlaf drangen und sich mit Eindrücken vom Tag und Erwartungen für den Abend zu kurzen Träumen mischten, einem Tumult im Büro, einem Tanz seiner Freundin auf einer Bühne, einer Suche nach einem Schlüssel auf einem großen Platz mit vielen Menschen. Dabei ging es im Steuerbüro, in dem er arbeitete, ruhig zu, seine Freundin war Physiotherapeutin und hatte keine Auftritte, und er war ordentlich und vergaß und verlor nichts. Selbst wenn die Träume ihn verwirrten, störten sie nicht sein Behagen, endlich zu schlafen. Wenn er im Schlaf merkte, dass er das Geschehen nur träumte und dass tatsächlich nichts Verwirrendes passierte, lächelte er. Wohnte das Lächeln nur in seinem Schlaf und Traum, oder stand es ihm im Gesicht? Er hätte sein Gegenüber fragen können, aber das macht man nicht.

Er war beständig. Er hatte Andrea kennengelernt, sie hatten sich gleich ineinander verliebt, und bald war er zu ihr gezogen. Sie hätte gerne geheiratet und ein Kind gekriegt, aber er fand es gut, wie es war. Er war Steuergehilfe; sein Chef hatte ihm die Ausbildung zum Steuerberater nahegelegt, aber er blieb lieber, was er war. Er trainierte täglich auf dem Heimfahrrad für eine Radtour, zu der er nicht aufbrach. Ihm war egal, was am morgigen Tag passierte, solange es das Gleiche wie am heutigen war. Als er das Andrea gegenüber erwähnte, erschreckte er sie so, dass er es nicht wieder äußerte. Warum es sie erschreckte, verstand er nicht. Was war dagegen zu sagen, dass er beständig war? Er hing nicht am Büro, er klebte nicht an Andrea, er wusste, dass er niemandem und keinem Ort wirklich zugehörte und dass morgen alles vorbei sein konnte. Er sehnte sich nur danach, es werde nicht vorbei sein, und war glücklich, wenn es nicht vorbei war.

Wenn er im Zug nicht schlief, sah er aus dem Fenster. Er hätte eine Akte bearbeiten, ein Buch lesen oder hören, ein Kreuzworträtsel lösen können; Andrea liebte Kreuzworträtsel und hatte ihm zu seinem 40. Geburtstag eines gebastelt, an das er sich längst hätte machen sollen. Er hätte mit anderen Passagieren ins Gespräch kommen können; manche fuhren seit Jahren zur gleichen Zeit im gleichen Zug, der eine und andere hatte ihn auch gelegentlich angesprochen, und er hatte höflich reagiert, das Ansprechen aber nicht erwidert. Er sah lieber, was er schon Hunderte Male gesehen hatte: zuerst die Straßen, Plätze, Häuser, Kirchen, Geschäfte und Betriebe der Stadt, dann das Land, große Gärtnereien, Felder und Weiden, einen kleinen Wald, dann ein Industriegebiet und nach einem großen Wald und einem kleinen See den Vorort, in dem er wohnte.

Vom Bahnhof, zwei Bahnsteigen, einer Unterführung vom ersten zum zweiten und auf dem ersten zwei Automaten, einem für Fahrkarten und einem für Getränke und Kartoffelchips, lief er zehn Minuten zu dem Einfamilienhaus, das Andrea geerbt hatte. Er kam gerne nach Hause; es wartete verlässlich auf ihn, hier war er gestern gewesen, und hier würde er morgen sein.

2.

War ihm das Aussteigen bei der fünften Station doch nicht in Fleisch und Blut übergegangen? Waren sein Fleisch und sein Blut durcheinandergeraten?

Er wachte auf, kannte die Landschaft nicht, sah auf die Uhr und war zwanzig Minuten über der Zeit. Er wollte Andrea anrufen, tastete nach seinem Telefon, fand es nicht und war froh, als ihm einfiel, dass sie auf einem Feldenkrais-Seminar war und nicht auf ihn wartete. Aber wo war sein Telefon? Und wo war sein Rucksack, in dem er nach seinem Telefon suchen wollte, das weder in der Hemden- noch in der Jacken-, noch in der Manteltasche steckte?

Als er sich bückte und unter den Sitzen umsah, hielt der

Zug, die wenigen verbliebenen Mitreisenden stiegen aus, der Schaffner lief durch den Waggon und forderte auch ihn zum Aussteigen auf. Er könne den Verlust von Telefon und Rucksack melden, aber er müsse aussteigen. Endstation.

Verwirrt vom Verlust, benommen vom Schlaf nahm er seinen Mantel und stieg aus. Es war Februar, aber die Luft war mild, ein Hauch von Frühling, von Sehnsucht und Hoffnung. Der Bahnhof hatte nicht nur zwei Bahnsteige, sondern ein Gebäude aus Backstein mit Tür- und Fensterfassungen aus Sandstein, im Gebäude eine Gaststätte, davor einen Platz mit Bäumen und Bänken. Die anderen Häuser am Platz waren eine Sparkasse, eine Apotheke, eine Post und eine Polizeistation. Dieser Vorort lag nicht nur vor der Stadt, sondern war ein wirklicher Ort.

Seine Hand suchte und fand in der Hosentasche das Portemonnaie; er konnte sich eine Fahrkarte kaufen und mit dem nächsten Zug zurückfahren. Als er auf die Tür zulief, hinter der die kleine Bahnhofshalle mit Fahrplan und Schalter oder Automat sein musste, ging sie auf, und eine Frau rannte auf ihn zu und umarmte ihn.

»Da bist du!« Sie ließ ihn los, sah ihn an, schüttelte den Kopf. »Was für ein Tag. Fast hätte ich es nicht geschafft. Jonas ist gestürzt, und ich musste mich um sein Knie kümmern, ehe ich die beiden zu den Eltern bringen konnte.« Sie hakte sich bei ihm ein, nahm ihn mit durch den Bahnhof und über den Platz zu einem Auto, redete fort und fort, von Jonas und Lara, von ihrem Vater, der Jonas heute das Schachspiel beibrachte, das er auch sie mit sechs gelehrt hatte, von dem Essen, das sie nur noch in den Ofen schieben musste, von ihrer Arbeit und von Inge, der in der

Schule von einer Schülerin vorgeworfen wurde, sie habe sie sexuell belästigt. Dann löste sie ihren Arm von seinem und schloss das Auto auf. Als er nicht auf die andere Seite ging, sondern stehen blieb, blieb auch sie stehen und sah ihn fragend an.

»Das ist ein Irrtum, ich … «

»Bestenfalls ein Irrtum. Bestenfalls hat das Gör eine Geste oder eine Bemerkung von Inge falsch verstanden. Aber ich kenne es und traue ihm zu, dass es sich interessant machen und außerdem Inge eins auswischen will. Inge ist streng, ich finde zu streng, dabei ist sie eine gute Lehrerin.« Sie redete weiter über Inge als strenge und gute Lehrerin, setzte sich ins Auto und zog die Tür zu, und er konnte nicht anders, als einzusteigen und zu hoffen, dass ihr Redefluss ihm eine Lücke lassen würde und er sich erklären könnte.

Dann hörte sie auf zu reden. Sie fuhr sicher und ruhig, er spürte sie neben sich, vielleicht war's die Wärme ihres Körpers, vielleicht ihr Parfum, er wandte kurz den Kopf und sah und mochte ihr klares Gesicht. Er genoss nach dem Reden die Stille. Die Straßen und Häuser und Gärten des Vororts waren so beliebig und so vertraut wie die des Vororts, in dem Andrea und er lebten. Auch dass er abgeholt und gefahren und gebracht wurde, wohin er gehörte und doch nicht gehörte, war vertraut, und es fühlte sich auch ein bisschen beliebig an, von wem.

3.

Als sie in die Einfahrt bogen, hatte er den Moment verpasst, in dem er sich hätte erklären und verweigern können. Sie stiegen aus, er folgte ihr ins Haus und in die Küche, öffnete den Weißwein, den sie ihm gab, schenkte ein, und sie stießen an und tranken.

»Ich bin so froh, dass die Fahrerei ein Ende hat. Dein Büro ist schön geworden, ich habe vorhin vorbeigeschaut. Auf deinem Schreibtisch liegt schon viel, aber Vater sagt, es sieht schlimmer aus, als es ist. Er freut sich auf dich, sehr, und wenn er's dir morgen nicht zeigt, dann nur, weil er seine Gefühle nicht zeigen kann.«

Ein Schreibtisch in einem Büro bei ihrem Vater? »Kannst du …« Aber er fragte nicht. Er hatte das Gefühl, wenn die Situation nicht peinlich werden sollte, konnte er sie nur noch durch angelegentliches Kopfschütteln und Schulterzucken und neugieriges und fragendes Murmeln dazu bringen, mehr zu sagen. Er konnte sie erst recht nicht fragen, wie sie hieß.

»Hast du schon nach der Post geschaut?«

Sie winkte mit dem Kopf zur Kommode im Flur. »Nichts für dich.«

Unter welchem Vorwand konnte er zur Kommode gehen und auf einem hoffentlich dort liegenden Brief ihren Namen lesen? Ich muss mal? Ich muss aufs Klo? Ich gehe um die Ecke? Ich bin gleich wieder da? Entschuldigst du mich? Es gab sicher eine übliche Wendung. Dann musste er wirklich, setzte das Glas ab, murmelte etwas und ging entschlossen zur Tür neben der Haustür, hinter der er das Klo vermutete und auch fand. Auf dem Rückweg sah er Briefe auf der Kommode liegen und las die Anschrift: Frau Helga Ladenberg, Rosenstraße 3, 62339 Budenhofen.

»Helga!« Er musste den Namen ausprobieren, und sie hob den Kopf und lächelte ihn an. Er war stolz, fand das lächerlich, aber war's. Immerhin war die Situation nicht peinlich geworden, er hatte sie nicht bloßgestellt und sich nicht blamiert, er wusste ihren Namen, und sie lächelte ihn an. Als er auf sie zuging, kam auch sie auf ihn zu, umarmte ihn, sagte leise »wir haben das Haus für uns«, nahm seine Hand, und er folgte ihr die Treppe hinauf ins Schlafzimmer.

Er konnte nicht zusehen, wie sie sich auszog, ohne auch sich auszuziehen. Sie zog sich ohne Koketterie aus, aber hatte Freude daran, sich in Büstenhalter und Slip, dann ohne Büstenhalter und dann ohne Slip zu zeigen. Sie war schön, trotz Schwangerschaftsstreifen und Orangenhaut, kräftig, als rudere sie oder spiele Tennis, ein bisschen dicker als Andrea, aber nicht dick. Im Bett konnte er auch nicht hinnehmen, wie sie sich an ihn schmiegte, ohne auch sich an sie zu schmiegen. Wie gut sie roch, nicht nach einem Parfum, sondern nach sich, wie warm sie war, wie fest ihr Leib, wie seidig ihre Haut. In der Nacht würde er leise aufstehen und sich davonstehlen, und ihre Begegnung würde für sie beide ein Traum bleiben. In der Nacht – jetzt war Tag, und sie träumten. Was für ein Traum!

4.

Leise aufstehen und sich davonstehlen? Nachdem sie sich geliebt hatten, schliefen sie ein. Sie wachten auf, als es dunkel war. Helga schob die Lasagne in den Ofen, und er, der inzwischen wusste, dass er Gerd hieß, machte den Rotwein auf. Sie redeten nicht viel, sahen einander verwundert an, setzten sich an den Tisch. Sie mochte den Garnacha, angeblich von ihm gekauft, er pries die Lasagne, die sie zubereitet hatte. Er wusste, dass er in der Nacht nicht aufwachen und sich aufmachen würde, dass ihm dafür zu wohl war. Er würde am nächsten Tag eine Gelegenheit finden, sich davonzumachen.

Bevor er dafür einen Plan machen konnte, hatte schon der Wecker geklingelt, hatte Helga geduscht und Frühstück gemacht, ihn beim Duschen und Frühstücken zur Eile gemahnt und auf dem Weg zur Schule vor einer Fabrik abgesetzt. »Ladenberg Schrauben. Damit hält, was halten muss«. Jetzt, dachte er, jetzt. Aber schon trat der Pförtner auf ihn zu, begrüßte ihn, er werde erwartet, und über den Hof kam ein älterer Herr in Begleitung einer jungen Frau. »Gerd! Wie schön, dass du endlich zu uns gefunden hast. Herzlich willkommen!«

Er war froh, dass der ältere Herr ihm nur die Hand gab und ihn nicht umarmte. Die junge Frau wurde ihm als seine Sekretärin Gisela Bruns vorgestellt, er wurde in das Gebäude am Ende des Hofs, in den ersten Stock und in ein Büro geführt. »Das ist dein Büro.« Es war groß, die Möbel waren aus Stahl und Glas, an der Wand hing ein großes Bild eines Baums in jungem Grün, Fotografie oder fotorealistisches Gemälde, und der Blick aus dem Fenster ging auf einen kleinen Fluss, von dessen Existenz er bisher nichts gewusst hatte. »Denn man tau!« Der ältere Herr nickte ihm zu, ging und schloss die Tür.

Helga hatte recht; das Büro war schön, und auf dem Schreibtisch lag viel. Er machte die Tür auf. Im Zimmer gegenüber arbeitete Gisela Bruns bei offener Tür am Computer, sah auf und ihn fragend an. Er winkte ab, machte die Tür wieder zu, trat an den Schreibtisch. Er stand lange, schaute auf die Ordner und Mappen, Tabellen, Protokolle und Briefe, offensichtlich Unterlagen des betrieblichen Rechnungswesens, schaute aus dem Fenster. Schließlich schüttelte er den Kopf, setzte sich und schlug den Ordner auf, der vor ihm lag.

Aber er las nicht, sondern nahm den Telefonhörer und wählte Andreas Nummer. Sie antwortete nicht, und auch im Büro, in dem er gewiss schon erwartet wurde, antwortete niemand. Das irritierte ihn, aber mehr noch irritierte ihn, dass er den Abend, die Nacht und den Morgen mit Helga verbracht hatte und jetzt hier saß, als habe alles seine Richtigkeit. Er hatte tief geschlafen, wie er immer tief schlief, war morgens schweigsam, wie er immer morgens schweigsam war, hatte zum Frühstück einen Kaffee getrunken und zwei Stück Zwieback gegessen, wie er es immer zum Frühstück tat. Er hatte am Morgen angezogen, was er gestern angehabt hatte. Aber er hatte im offenen Kleiderschrank Anzüge, Pullover, Hemden, Socken und Unterwäsche gesehen und war sicher, dass ihm die Sachen am nächsten Tag passen würden. Er war auch sicher, dass er am Abend mit den Kindern zurechtkommen würde, wie er immer mit Kindern zurechtkam; er beachtete sie nicht, wie er auch Katzen und Hunde nicht beachtete, wandte sich ihnen aber zu, wenn sie sich ihm näherten. An Helga hatte er nichts Gefühlsbetontes, Launenhaftes, Unberechenbares bemerkt, das erwarten ließ, dass sie heute Abend und morgen anders als gestern Abend und heute Morgen sein würde.

Er seufzte und begann zu lesen. Es ging um Dienstleistungen, die von verschiedenen Abteilungen nachgefragt wurden und eingekauft werden sollten. Die nächsten beiden Ordner enthielten den Finanz- und den Personalplan. Helgas Vater hatte ihm auf den Schreibtisch legen lassen, was ihm Schritt um Schritt Einblick in den Betrieb geben und schließlich erlauben würde, über die Einkäufe zu entscheiden. Und Schritt um Schritt fand er interessanter, wie der Betrieb organisiert war, was in den Abteilungen geschah, welche besser und welche schlechter zu laufen schienen. Er beschloss, am nächsten Tag als Erstes durch den Betrieb zu laufen. Irgendwann würde er die Produktionsstätten in Portugal und in Bulgarien besuchen müssen.

5.

Helga war, wie sie am Abend und am Morgen gewesen war, sie war es am nächsten und übernächsten Tag und allen folgenden Tagen. Jonas wollte, dass er mit ihm Schach spielte, und Lara, dass er ihr vorlas. Was im Kleiderschrank hing und lag, passte ihm. Im Souterrain stand ein Heimfahrrad, auf dem er für eine große Radtour trainieren konnte.

Nach einer Woche hatte er sich seine Irritation ausgeredet. Männer leben ihren Alltag mit Familie, Arbeit und Freizeit, dann gibt's Krieg, und sie müssen kämpfen, dann geht's vielleicht in Gefangenschaft, und wenn sie nach Hause kommen, ist nichts mehr, wie es war. Sie leben nacheinander verschiedene Leben und sind dabei dieselben. Die Leben, die er nacheinander lebte, waren einander ähnlicher als Friede, Krieg und Gefangenschaft. Aber ob er nicht mehr in sein altes Büro ging, weil er in den Krieg oder weil er zu den Schrauben musste, und nicht mehr bei Andrea war, weil er tot oder weil er weg war, machte eigentlich keinen Unterschied. Er war derselbe. Oder? Dass er nicht mehr Alexander Gantz war, sondern Gerd Bachmann, blieb beunruhigend. Wer war Gerd Bachmann, den Helga und ihr Vater und ihre Kinder in ihm wiedererkannten? War er tot? Was war aus Alexander Gantz geworden? Hatte man seinen Rucksack mit seinem Telefon, seinem Personalausweis und seinen Kreditkarten gestohlen, damit der tote Gerd Bachmann mit seinen Papieren als Alexander Gantz gefunden und begraben wurde? Damit er sich nicht mehr als Alexander Gantz ausweisen konnte? Wussten Helga und ihr Vater und ihre Kinder, dass er nicht Gerd Bachmann war, spielten sie und er eine Komödie? Er konnte die Fragen fort und fort spinnen.

Aber Fragen, auf die es keine Antworten gibt, werden müde. Was uns beunruhigt, aber zu nichts Schlimmem oder Bösem führt, legt sich zur Ruhe. Er fand keine Antworten auf seine Fragen, und nichts Schlimmes oder Böses passierte. Die Tage rundeten sich zu Wochen und die Wochen zu Monaten. Im Betrieb war er so tüchtig und verlässlich, wie er es als Steuergehilfe gewesen war, er entwickelte ein Interesse und ein Geschick für die Einschätzung von Absatzmöglichkeiten und Umsatzentwicklungen und machte Helgas Vater froh und Helga stolz. Er lernte Helgas Schule kennen, ihre Kollegen und Freunde, die Musik, die sie hörte, und die Bücher, die sie las, und bemerkte auch, dass sie Jonas lieber hatte als Lara, was ihn sich Lara und Lara sich ihm zuwenden ließ. Er fragte Helga nur, was für die Bewältigung des Alltags nötig war; mit anderen Fragen wollte er sich nicht als der blamieren, der alles über sie wissen sollte und nichts über sie wusste.

Helga mochte nicht reisen. Auch die Reisen, die er nach Portugal und nach Bulgarien machen wollte, kamen nicht zustande. Immer kam etwas dazwischen, ein dringender Termin, ein Unfall im Betrieb, eine Krankheit. Ein Besuch in der Stadt wurde immer wieder verschoben, und die Fahrradtouren, die sie mal mit, mal ohne die Kinder machten, führten nie weit. Das alles störte ihn nicht. Das Leben war beständig.

Er versuchte nicht noch mal, Andrea oder das Büro zu erreichen. Manchmal lockte ihn die Neugier – würde wieder niemand antworten? Aber dann machte ihm diese Vorstellung Angst, und Angst machte ihm auch die Vorstellung, es würde jemand antworten. Mit dem Internet war es ebenso. Nach einem vergeblichen Versuch, Andrea und das Büro über den Computer seiner Sekretärin zu erreichen, versuchte er's ein weiteres Mal vergeblich auf dem iPhone, das er sich von ihr besorgen ließ, und gab dann auf.

6.

Nach ein paar Monaten begann er zu träumen. Zuerst konnte er sich nach dem Aufwachen nicht an den Traum erinnern; er wusste nur, dass er ihn verstört hatte, und das Gefühl der Verstörung begleitete ihn in den Tag.

Dann wachte er aus dem Traum auf und erinnerte sich. Er kam nach Hause, und ehe er aufschließen konnte, machten Jonas und Lara die Tür auf, sahen ihn, drehten sich um und riefen »Mama, der Mann ist da«. Er wusste nicht, ob's ein Scherz sein sollte oder ob mit ihm etwas nicht stimmte, sah an sich herab und hatte nicht Jeans, Hemd und Jackett an, sondern einen grauen Arbeitskittel, und neben ihm stand eine graue Werkzeugtasche auf dem Boden. Helga kam, dankte ihm fürs schnelle Kommen und forderte ihn auf, ihr zu folgen. Sie kamen im Flur am Spiegel vorbei, er sah hinein und sah sich nicht. Nicht dass er sein Gesicht nicht erkannt, dass er ein fremdes Gesicht statt seines Gesichts gesehen hätte. Der Spiegel zeigte nichts.

Leise schlug er die Decke zurück, stand auf, ging ins Bad, machte die Tür zu und das Licht an und sah in den Spiegel. Da war sein Gesicht, Gott sei Dank. Ich habe es schon lange nicht mehr angeschaut, dachte er, und dann, dass er es eigentlich noch nie aufmerksam angeschaut hatte. War es ein gutes Gesicht? Ein offenes oder ein verschlossenes, ein kräftiges oder ein weichliches, ein mutiges oder ein feiges? War es eine Maske? War ihm das Gesicht vertraut, war es ihm fremd? Mochte er es? Er setzte sich auf den Rand der Badewanne.

Die Tür ging auf, Helga kam ins Bad und setzte sich neben ihn. »Ist was?«

»Ich habe geträumt und bin aufgewacht.«

Sie sah ihn fragend an.

»Von uns.«

»Bald haben wir kupferne Hochzeit.«

»Ja.« Er wusste nicht, was eine kupferne Hochzeit war.

»Ich habe gelesen, dass der menschliche Körper sich innerhalb von sieben Jahren vollständig erneuert. Nach sieben Jahren hast du keine Zelle mehr, die du vor sieben Jahren hattest. Eigentlich kann es mit der Seele nicht anders sein. Wenn wir kupferne Hochzeit feiern, haben wir eine andere Seele als bei der Hochzeit.« Sie lachte. »Eine neue Seele.«

Er begriff, dass die kupferne Hochzeit sieben Jahre Ehe feierte. »Was feiern wir, wenn wir nicht mehr die sind, die wir bei der Hochzeit waren?«

»Wir feiern, dass wir nicht mehr die sind, die wir bei der Hochzeit waren.« Sie lachte wieder. »Wolltest du noch mal der sein, der du vor sieben Jahren warst?«

Er zuckte die Schultern.

»Ich nicht. Und ich bin froh, dass du nicht mehr der bist, der du damals warst.«

»Warum?« Aber noch ehe sie antwortete, lachte er. »Hauptsache, du magst den, der ich jetzt bin.« Er wollte nicht hören, wer er damals gewesen war, der er doch gar nicht gewesen sein konnte, und wie er sich verändert hatte, wo er doch einfach ein anderer war. Im Spiegel ihrer Wahrnehmungen und Erfahrungen würde er sich nicht sehen können, wie er sich im Spiegel seines Traums nicht gesehen hatte. Aber wenn er sich nicht in Helga erkennen und seiner vergewissern konnte, mit der er seit Monaten lebte, worin konnte er es? Was hatte er sonst? Er hatte keine Vergangenheit, mit der er lebte, und keine eigene Gegenwart, nur die Gegenwart mit ihr und ihren Kindern und ihrem Vater. Er hatte gedacht, er könnte sich in eine neue Beständigkeit hineinfinden und in ihr leben, wie er in der alten gelebt hatte. Es klappte nicht – ein Traum genügte, um die Illusion zu zerstören. Seine Tüchtigkeit, Verlässlichkeit, Geschicklichkeit im Betrieb, seine Kontakte mit Helgas Kollegen und Freunden, seine Zuwendung zu Lara und ihre Zuwendung zu ihm waren leer wie der Spiegel, in den er geschaut und in dem er sich nicht gesehen hatte.

»Was denkst du?«

Er zuckte mit den Schultern.

»Wolltest du wirklich noch mal der sein, der du damals warst? Noch mal Andrea, noch mal dein Zusammenbruch, noch mal die Jahre in der Anstalt?«

Er verstand nicht, wovon sie redete. Er mochte es nicht. Er verstand und mochte auch nicht, was in ihrer Stimme lag – Ärger, Bitterkeit, Ablehnung? Er schüttelte den Kopf.

»Egal. Ich will nur sagen, dass es gut ist, dass du nicht mehr … dass wir … dass die sieben Jahre hinter uns liegen.« Sie legte den Arm um ihn. »Lass uns unsere Kupferne feiern!«

7

Er lag neben Helga, hörte ihren Atem gleichmäßig werden, atmete selbst gleichmäßig, dachte an Wellen, die in beständigem Gleichmaß an den Strand rollen, an ein Mühlrad, das sich in beständigem Gleichmaß dreht, war froh über den Regen, der einsetzte und gleichmäßig rauschte. Aber er konnte nicht wieder einschlafen.

Als es hell wurde, hörte er die Amsel singen, wie jeden Morgen, und wie jeden Morgen setzten bald darauf die Tauben mit ihrem Gurren ein. Er liebte den Gesang der Amsel und hasste das Gurren der Tauben. Der Tag begann wie jeder Tag, aber er wusste, dass heute nicht wie gestern sein würde und morgen nicht wie heute. Auf die Beständigkeit war kein Verlass mehr, war nie Verlass gewesen, er hatte es sich nur vorgegaukelt. Mit Andrea war es nicht beständig gewesen, und hier gab es auch keine Beständigkeit.

Er fand sich hier zurecht. Im Bad hatte er sich zunächst ein paar Mal an der Ecke des Waschtischs gestoßen; jetzt fand er auch im Dunkel aufs Klo, ohne anzustoßen. Er wusste, dass hinter dieser Schranktür Handtücher lagen und hinter jener Klopapier und dass, wenn man das Licht nicht hier, sondern da einschaltete, auch der Ventilator anging. Wie im Bad war es auch sonst im Haus; er kannte sich in den Schränken und Schubladen aus, und dass er manchmal drei Türen aufmachen musste, bis er die richtige Blumenvase oder den Sektkübel gefunden hatte, lag nur daran, dass er sich nicht konzentrierte. Wo welches Haus- und Gartenwerkzeug war, wusste er besser als Helga.

Aber was wusste er über sie? Was für Musik mochte sie? Sie hörte zu und summte mit, wenn die Kinder Pop oder er Klassik auflegten, aber mochte sie auch, was sie hörte und mitsummte? Zeigte der Roman, in dem sie im Bett wenige Seiten las, ehe ihr die Augen zufielen, dass sie Romane mochte? Sie wollte die Kupferne feiern. Worüber würde sie sich freuen? Über ein Fest in Haus und Garten? Über ein Picknick zu zweit? Mochte sie Picknicks? Über was für ein Geschenk würde sie sich freuen? Über Schmuck? Sie trug immer die gleichen zwei Ringe, den Ehering und einen goldenen Ring mit einem Rubin, nichts um den Hals und nichts ums Handgelenk. Mochte sie keinen Schmuck, mochte sie ihn nur nicht an- und ablegen? Was hatte es mit dem goldenen Ring mit dem Rubin auf sich? Konnte er ihr ein Kleid schenken? In ihrem einzigen Kleid sah sie berückend aus – warum zog sie es so selten an? Weil sie Kleider nicht mochte, weil sie fand, Rock oder Hose passten für die Schule besser, weil sie keine Zeit fand, in die Stadt zu fahren und Kleider zu kaufen? Zu einem Hochzeitstag gehörten Blumen. Aber was für welche? Er wusste nicht, ob sie eine Lieblingsblume hatte und ob es Blumen gab, die sie hasste und mit denen er sie auf keinen Fall zur Kupfernen überraschen durfte. Das alles sollte er wissen und wusste er nicht. Er durfte es nicht fragen, wenn er sich nicht bloßstellen wollte. Manchmal wollte ihm eine Frage rausrutschen, und er konnte sich gerade noch zurückhalten.

Wie hatte er denken können, die Beständigkeit würde einfach wachsen und er mit ihr und in sie? Wachsen ohne Zugang zur Vergangenheit und mit einer stummen Gegenwart?

8.

Als sie vom Frühstück aufstanden, sagte er: »Ich fahre heute in die Stadt.« Er wusste nicht, was er in der Stadt suchte und ob er es finden wollte. Er wusste nur, dass er fahren musste.

Helga, mit Geschirr in den Händen auf dem Weg zum Spülbecken, blieb stehen. Langsam drehte sie sich um. Er verstand nicht – warum schaute sie verletzt, enttäuscht, abweisend? »Du fährst …« Sie lachte auf. »Und ich soll so tun, als sei nichts?« Sie schüttelte den Kopf. »Erwarte nicht, dass ich wieder am Bahnhof bin.« Sie setzte das Geschirr ab, rief die Kinder, griff auf dem Weg zur Haustür Jacke und Tasche und war weg.

Er hörte die Kinder beim Einsteigen streiten, die Türen zuschlagen, das Auto losfahren. Er räumte die Küche auf, unglücklich über Helgas Gesicht und Worte, unglücklich über seine Entscheidung.

Seit er hier ausgestiegen und abgeholt worden war, war ihm der Bahnhof als ein Endpunkt erschienen, von dem es nicht weiter und nicht zurück ging, als sei ihm, einmal angekommen, hierzubleiben bestimmt. Aber ohne Weiteres bekam er die Fahrkarte in die Stadt, hin und zurück, stieg in den Zug, der aus einer anderen Stadt kam, und war unterwegs.

Auf dem Sitz gegenüber arbeitete ein junger Mann am Computer, ein paar Sitze weiter tuschelten und lachten zwei Mädchen. Er hatte nichts zu lesen und sah aus dem Fenster. Der Zug fuhr durch einen Wald, Kiefern mit dünnen, geraden Stämme, über eine Heide, hielt im nächsten Kiefern-wald an einem Bahnsteig, ohne dass ein Ort zu sehen war, fuhr an einem See entlang und an noch einem und wieder über eine Heide. In der Ferne drehten sich Windräder.

Dann hielt der Zug an dem Bahnhof, an dem er immer ein- und ausgestiegen war. Er erkannte die beiden Auto-maten wieder, den für Fahrkarten und den für Getränke und Kartoffelchips, war froh, dass niemand zustieg, den er kannte, dachte an Andrea und ihr Haus und daran, dass er den Weg dorthin nicht von diesem, sondern vom anderen Bahnsteig genommen hatte. Auf der Weiterfahrt war alles wie immer: der kleine See, der große Wald, das Industrie-gebiet, der kleine Wald, Weiden, Felder und Gärtnereien, dann die Stadt. Am kleinen See gab es eine Badestelle mit Rutschbahn und Sprungbrett und Menschen – warum fiel sie ihm erst jetzt auf?

Der Bahnhof der Stadt war belebt, voll, laut, und er war froh, als er draußen stand. Er wusste die Adresse nicht und konnte keine Taxe nehmen. Aber seine Füße fanden den Weg. Aus dem Bahnhof links, am Fluss entlang, hinein in das Viertel mit den alten und neuen Büro- und Wohnhäu-sern und die Erste rechts.

9.

Die Haustür war unverschlossen, wie stets, und er nahm den Aufzug in den fünften Stock. Die Seiten des Aufzugs waren aus Glas und ließen auf den Parkplatz hinter dem Haus und auf die Gärten der Nachbarhäuser hinabschauen;

er lächelte, weil ihm beim Blick in die Tiefe ein bisschen schwindlig wurde, wie es ihm bei jeder Fahrt mit dem Aufzug ein bisschen schwindlig geworden war. Das Schild neben der Tür trug nicht den Namen des Steuerberaters, bei dem er gearbeitet hatte. Es wies die Steuerberatungsgesellschaft RoTax aus, aber als er klingelte, schwang die Tür auf und ließ ihn ein, wie er es gewohnt war.

Der lange Gang, die offenen Türen, die erste Tür rechts der Empfang – alles war unverändert. »Herr Gantz«, sagte die ältere Frau am Empfang erstaunt, »oder soll ich …« Aber er hörte ihr nicht zu und ging weiter, sah links und rechts in die Zimmer, sah auch in das Zimmer, in dem er gesessen hatte, und wenn die Arbeitenden aufblickten, erkannten sie ihn und schauten ihn ungläubig an. Niemand richtete das Wort an ihn, aber vielleicht hätte er dafür stehen bleiben müssen. Er ging zum Ende des Gangs, zum Zimmer des Chefs, stand in der auch hier offenen Tür und wusste nicht, weshalb er hier war. Es fühlte sich seltsam an, zugleich falsch und richtig.

Der Chef stand auf, begrüßte ihn, ohne ihm die Hand zu geben, fand schön, dass er vorbeischaue, aber zu besprechen gebe es nichts mehr, sie seien alle auch gerade sehr beschäftigt, Termine, Termine, er kenne das ja, stimme es, dass er inzwischen bei seinem Schwiegervater arbeite, jedenfalls wünsche er alles Gute. Er kam näher, aber nur um die Hand auf die Klinke zu legen und die Tür zu schließen.

Er drehte sich um, in der einen und anderen Tür standen ehemalige Kollegen, manche grüßten ihn, als er den Gang zurücklief, freundlich, verwundert, spöttisch, er wusste nicht, wie er die Grüße interpretieren und wie er auf sie reagieren sollte, er nickte. Frau Klinger vom Empfang, ihr Name fiel ihm wieder ein, rief ihn in ihr Zimmer; sie beugte sich in den Schrank, suchte etwas, fand es, richtete sich auf und hielt es ihm hin: sein Rucksack. »Sehen Sie, bei uns geht nichts verloren. Als Sie abgeholt wurden, wollte niemand ihn mitnehmen, und ich habe ihn aufgehoben. Geht es Ihnen denn wieder gut?«

Er nahm den Rucksack. »Vielen Dank, dass Sie fragen und dass Sie meinen Rucksack aufgehoben haben.« Er wollte gehen, aber dann sagte er »es war schlimm«, und hob seine Stimme, weil die Feststellung eine Frage war, die er sich nicht zu stellen traute.

»Sie waren immer freundlich, und auf einmal waren Sie nicht mehr bei sich. Sie waren … Sie waren außer sich.« Sie nickte. »Ja, es war schlimm. Und es tat mir leid.«

Sollte er sie fragen, was vorgefallen war, hatte er herumgeschrien, Sachen zerschlagen, Kollegen angegriffen, wer hatte ihn abgeholt und wohin gebracht? Was würde es nützen? Er dankte ihr noch mal und ging.

10.

Er stand vor dem Haus, wusste nicht, was er machen sollte. Es war Mittag. Wo waren die Restaurants, in denen er manchmal gegessen hatte? Aber dort würden auch ehemalige Kollegen essen, denen er nicht begegnen wollte. Er hatte ohnehin keinen Hunger. Er durfte hier nicht stehen bleiben, wenn er vermeiden wollte, den Kollegen zu begegnen, die zum Essen gehen würden.

An der Straße, von der er abgebogen war, stand ein Denkmal, und er setzte sich auf den Sockel. Doch, er hätte fragen sollen, wer ihn abgeholt und wohin gebracht hatte, um hinzufahren und zu schauen, ob ihm etwas von damals in Erinnerung kam. Aber musste es ihm erst in Erinnerung kommen? War nicht klar, dass ein Krankenwagen ihn abgeholt und in eine psychiatrische Anstalt gebracht hatte?

Er sah in seinen Rucksack. Das Telefon, das er gesucht hatte, eine Zahnbürste mit Zahnpasta, wie sie in Flugzeugen verteilt werden, Aspirin, ein Vierfarbenstift, ein Taschenmesser, eine Gesichtsmaske, Grimms Märchen. Eine Zeitung, zwei Jahre alt. Also war sein Zusammenbruch vor zwei Jahren gewesen. War er zwei Jahre in der Anstalt geblieben? War er entlassen worden oder war er ausgebrochen und hatte sich irgendwie durchgeschlagen? Er musste entlassen worden sein, wie hätte Helga sonst von seiner Ankunft wissen können. Warum hatte sie ihn nicht in der Anstalt abgeholt? Hatten die Ärzte gefunden, es sei gut für ihn, selbst nach Hause zu finden?

Und was war in den Jahren vor seinem Zusammenbruch gewesen? Wann hatte er Andrea kennengelernt? Es war mit dem Zusammenbruch und den zwei Jahren danach ausgelöscht. Er konnte sich nicht vorstellen, dass Helga von Anfang an unglücklich mit ihm war. Aber etwas musste die gemeinsamen Jahre schon früh getrübt haben, andernfalls würde Helga sich nicht über die neue Seele nach sieben Jahren freuen. Sie hatte nie über die Vergangenheit geredet – hatten auch dazu die Ärzte geraten? Zu tun, als sei nichts? Er erinnerte sich an ihre Worte am Morgen.

Er hatte den Kopf gesenkt. Dann hob er ihn, sah, dass um das Denkmal Gras wuchs, dass es grün war, der am Halteverbotsschild angebrachte Abfallbehälter war orange, eine Plakatwerbung für eine Telefongesellschaft war blau, die Menschen auf den Gehwegen trugen farbenfrohe Sachen. Die Welt war bunt.

Bunt genug, aufzustehen, sich umzuschauen, wahrzunehmen, wen das Denkmal ehrte, wo es zum großen Park, zum Parlament und zu den Geschäften ging. Er könnte einen Juwelier finden und für Helga zur kupfernen Hochzeit Schmuck kaufen. Aber mochte sie Schmuck? Er ging zurück zum Bahnhof.

II.

Der Zug zurück war so spärlich besetzt wie der, mit dem er gekommen war. Wieder sah er aus dem Fenster; er sah die Straßen, Plätze, Häuser, Kirchen, Geschäfte und Betriebe der Stadt, dann die großen Gärtnereien, Felder und Weiden, den kleinen Wald, das Industriegebiet, den großen Wald und den kleinen See. Es war ihm vertraut, aber das Gefühl der Beständigkeit seines Lebens stellte sich nicht ein. Wie hatte er sich belogen! Wie hatte seine Sehnsucht nach Beständigkeit die Wirklichkeit überwältigt!

Er stieg aus und lief durch die leeren, stillen Straßen des frühen Nachmittags zu Andreas Haus. Auch hier fanden seine Füße den Weg, ohne dass er denken musste. Er dachte an Andrea. Würde sie da sein? Wie würde sie ihm begegnen? Was würde er fühlen? Was war zwischen ihnen gewesen? Jedenfalls nicht Jahre des Zusammenlebens mit ihrem Wunsch nach Heirat und Kind und seinem nach einem Tag wie dem anderen. Er stellte sich ihr Gesicht, wenn er an sie dachte, nicht vor, er konnte sich Gesichter nicht vorstellen. Er wusste, dass sie braune Haare, warme braune Augen und volle Lippen hatte, wozu nicht recht passte, dass sie hart, streng oder sogar hochmütig aussehen konnte. Würde sie ihm begegnen, wie der Chef ihm begegnet war, nur härter?

Aber dann entglitten ihm die Gedanken an Andrea, und es blieb ein seltsames Gefühl der Vertrautheit und Fremdheit. Er kannte den geschotterten Gehweg, wusste, auf welche Zäune welche Zäune und auf welche Häuser welche Häuser folgten, Einfamilien- oder Doppelhäuser, erkannte Besonderheiten wieder wie die kleine Sternwarte auf einem Haus und die Skulptur eines Haifischs mit breitem Maul als Briefkasten vor einem anderen. Zugleich war ihm alles fern, als nehme er es durch einen Schleier großer Müdigkeit oder Betäubung oder Trunkenheit wahr.

Als er um die Ecke bog, von der er das Haus sehen konnte, blieb er stehen. Das war das Haus, in dem Andrea gelebt hatte und er mit ihr? Es war klein, hässlicher dunkler Klinker, und jetzt, wo alle Rollläden heruntergelassen waren, nicht nur nicht einladend, sondern geradezu abweisend. Er ging darauf zu.

»Dass wir Sie noch mal zu sehen kriegen!« Der Nachbar ließ die Schere sinken und winkte über die Hecke. »Zuerst waren Sie weg, dann war's die Frau, und seitdem ist hier nichts mehr. Mal wird gelüftet und werden die Zähler abgelesen. Sie wissen, dass sich in leeren Häusern die Ratten einnisten?« Er setzte wieder zum Schneiden an, hielt aber noch mal inne. »Wir hatten nichts gegen Sie. Wir sind eine tolerante Nachbarschaft. Sie waren halt laut, arg laut.«

Er zuckte entschuldigend die Schultern. »Tut mir leid.« Das Gartentor war nie verschlossen gewesen und war es auch jetzt nicht. Er machte es auf. »Ich gehe mal ums Haus.« Der Nachbar schaute zweifelnd, sagte aber nichts.

Auch hinten waren die Rollläden heruntergelassen. Auf der Terrasse stand ein Stuhl, er wischte Blätter vom Sitz und setzte sich. Wenn es mit Andrea nicht Jahre der Beständigkeit gegeben hatte, was hatte es mit ihr gegeben? Worüber hatte seine Erinnerung die Jahre der Beständigkeit gelegt? Eine Affäre? Stürmisch, leidenschaftlich, zerstörerisch? Wie lange hatte sie gedauert, wie lange hatte er mit Andrea hier gelebt? Oder war er und war sie süchtig gewesen, und war es gar nicht um Liebe gegangen, sondern um das gemeinsame Versinken in der Sucht? Hatte die Sucht alles zerstört? Aber ist man bei einer Sucht nicht eher leise als laut?

Er sah sich um. Er erinnerte sich nicht, hier auf der Terrasse gesessen oder unter einem Baum auf der Wiese gelegen zu haben oder ans Rasenmähen oder Heckeschneiden oder Unkrautjäten im Garten. Das Haus stimmte, hier hatte Andrea gelebt und er mit ihr, aber das Leben war verblasst. Wie waren sie laut gewesen? Laute Musik, laute Gäste, miteinander gestritten, einander angeschrien? So laut, dass es die Nachbarn hörten?

Auf dem Rückweg blieb er noch mal beim Nachbarn stehen. Was hat Sie so gestört, wollte er fragen, aber stattdessen sagte er: »Die Ratten sind nicht in leeren Häusern. Sie sind, wo Menschen sind.«

12.

Der Zug brachte die Pendler aus der Stadt, und er stellte sich hinter den Fahrkartenautomaten, um von niemandem erkannt zu werden. Dann stieg er ein. Er war von dem Tag so müde, dass er einschlief.

Der Schaffner weckte ihn und ermahnte ihn auszusteigen. Endstation.

Benommen vom Schlaf stieg er aus. Es war warm, an den Tischen vor der Bahnhofsgaststätte saßen Menschen, er hörte sie reden und lachen. Als er auf die Tür des Bahnhofs zulief, ging sie auf, und Helga kam auf ihn zu und umarmte ihn.

»Du bist da!« Sie ließ ihn los und sah ihn an.

»Ja«, sagte er, »ich bin endlich da.«

Sie hakte sich bei ihm ein, nahm ihn mit durch den Bahnhof und über den Platz zum Auto. Sie redeten nicht. Als sie ihren Arm von seinem löste und das Auto aufschloss, blieb er stehen, und auch sie blieb stehen und sah ihn fragend an.

»Du musst nicht mehr tun, als sei nichts. Ich will alles wissen. Ich will über alles mit dir reden.« Er stockte. »Ich weiß nicht, wo ich anfangen soll.« Er stockte wieder. »Dass du mich nicht aufgegeben hast …« Er hob die Arme, bewegte hilflos die Hände.

Sie lächelte. Alles lag in ihrem Lächeln, die Klugheit, mit der sie ihn und sich bewahrt hatte, die Müdigkeit, weil es über ihre Kräfte gegangen war, ihre Liebe.

Er ließ die Arme sinken und sah sie überwältigt, verwirrt, beglückt an.

Port für fünf Abende

Mr Sniggs, der Prodekan, und Mr Postlethwaite, der Schatzmeister, saßen allein in Mr Sniggs' Zimmer, das auf den Gartenhof des Scone College ging. Aus der Wohnung von Sir Alastair Digby-Vaine-Trumpington, zwei Aufgänge weiter, drang wildes Grölen und das Geräusch von splitterndem Glas. Von den Vorstehern des Scone College waren an diesem Abend nur sie beide im Haus, denn heute fand das jährliche Dinner des Bollinger Club statt. Alle anderen waren über Boar's Hill und den Norden von Oxford verstreut, auf fröhlichen, streitlustigen Partys, in Kollegiumsräumen anderer Colleges oder auf Sitzungen akademischer Gesellschaften, denn das alljährliche Bollinger-Dinner ist für die Autoritätspersonen eine schwierige Zeit.

Die Bezeichnung »alljährlich« ist ungenau, denn oft muss das Clubleben nach einer solchen Zusammenkunft für Jahre ausgesetzt werden. Der Bollinger ist ein traditionsreicher Club, er zählt regierende Könige zu seinen ehemaligen Mitgliedern. Beim letzten Dinner vor drei Jahren wurde ein Fuchs, den man in einem Käfig mitgebracht hatte, mit Champagnerflaschen gesteinigt. Das war vielleicht ein Abend gewesen! Das heutige Treffen war das erste seither, und zu diesem Anlass hatten sich Ehemalige aus ganz Europa eingefunden. In den letzten zwei Tagen waren sie nach Oxford geströmt: epileptische Hoheiten aus den Villen ihres Exils, ungehobelte Adlige von ihren zerfallenden Landsitzen, aalglatte junge Männer mit zweifelhaften Neigungen aus Botschaften und Konsulaten, des Lesens und Schreibens kaum mächtige Gutsherren aus feuchten Granitgemäuern in den schottischen Highlands und ehrgeizige junge Anwälte und Kandidaten der Konservativen, die sich von der Londoner Saison und den plumpen Avancen der Debütantinnen losgerissen hatten; alles, was Rang und Namen hatte, war zum großen Fest gekommen.

»Die Bußgelder!«, sagte Mr Sniggs und rieb mit seiner Pfeife sanft an seiner Nase. »Allmächtiger! Was das für Bußgelder gibt nach diesem Abend!«

In den Kellern des Professorenkollegiums lagert ein ganz besonderer Portwein, der nur heraufgeholt wird, wenn die College-Bußgelder die Summe von fünfzig Pfund überschreiten.

»Diesmal reicht es mindestens für eine Woche«, sagte Mr Postlethwaite, »eine Woche Founder's Port!«

Mittlerweile drangen aus Sir Alastairs Wohnung noch schrillere Töne. Jeder, der sie einmal gehört hat, zuckt schon bei der Erinnerung daran zusammen; es ist das Gebell des englischen Landadels auf der Jagd nach Splittern und Scherben. Bald würden sie alle auf den Hof hinaustorkeln, grölend und hochrot in ihren flaschengrünen Frackjacken, denn jetzt fing der Spaß erst richtig an.

»Meinen Sie nicht, es wäre klüger, das Licht auszumachen?«, fragte Mr Sniggs.

Im Dunkeln schlichen die beiden Professoren zum Fenster. Der Hof unten war ein Kaleidoskop aus kaum erkennbaren Gesichtern.

»Es müssen mindestens fünfzig sein«, sagte Mr Postlethwaite. »Wenn sie nur alle zum College gehören würden! Fünfzig zu jeweils zehn Pfund. Allmächtiger!«

»Es wird noch mehr, wenn sie die Kapelle stürmen«, sagte Mr Sniggs. »Ach, lieber Gott, mach, dass sie die Kapelle stürmen! Das erinnert mich an den kommunistischen Aufstand in Budapest, als ich im Schuldenausschuss war.«

»Ich weiß«, sagte Mr Postlethwaite. Mr Sniggs' Erinnerungen an Ungarn waren im Scone College bestens bekannt.

»Welche Studenten wohl dieses Semester besonders unbeliebt sind? Deren Zimmer werden ja immer überfallen. Ich hoffe, sie waren klug genug, heute Abend auszugehen.«

»Partridge gehört sicher dazu; er besitzt ein Gemälde von Matisse oder so jemandem.«

»Ich habe gehört, er hat schwarze Bettlaken.«

»Und Sanders war mal mit Ramsay MacDonald essen.«

»Und Rending könnte es sich leisten, auf die Jagd zu gehen, sammelt aber stattdessen Porzellan.«

»Und raucht nach dem Frühstück im Garten Zigarren.«

»Austen hat einen Konzertflügel.«

»Den werden sie mit Vergnügen zertrümmern.«

»Sie werden sehen, das gibt eine stattliche Rechnung heute Abend. Aber mir wäre ehrlich gesagt wohler, wenn der Dekan oder der Rektor im Haus wäre. Sie können uns doch hier nicht sehen, oder?«

Es wurde ein schöner Abend. Sie zertrümmerten Mr Austens Flügel, stampften Lord Rendings Zigarren in den Teppich und zerschlugen sein Porzellan, sie zerrissen Mr Partridges Bettlaken und warfen den Matisse ins Klo; bei Mr Sanders gab es außer den Fenstern nichts, was man kaputtmachen konnte, aber sie entdeckten das Manuskript eines Gedichts, mit dem er sich für den Newdigate Prize bewerben wollte, und hatten viel Spaß damit. Sir Alastair Digby-Vaine-Trumpington wurde es vor Aufregung ganz schlecht, und so half ihm Lumsden of Strathdrummond ins Bett. Es war halb zwölf. Bald würde der Abend zu Ende sein. Aber ein besonderer Höhepunkt stand noch bevor.

Paul Pennyfeather studierte Theologie. Es war sein zweites ereignisloses Jahr am Scone College. Zuvor hatte er mit achtbaren Ergebnissen eine kleine, klerikal gesinnte Privatschule in den South Downs absolviert, wo er die Schülerzeitung herausgegeben hatte, Vorsitzender des Debattierclubs gewesen war und, wie es in seinem Zeugnis hieß, auf das Haus, in dem er Schülersprecher war, »einen gesunden und guten Einfluss ausgeübt« hatte. In den Ferien wohnte er am Onslow Square bei seinem Vormund, einem wohlhabenden Rechtsanwalt, der auf Pauls Fortschritte stolz war und von seiner Gesellschaft abgrundtief gelangweilt. Beide Eltern waren in Indien gestorben, als der Junge in der Grundschule gerade den Aufsatzpreis gewonnen hatte. Seit zwei Jahren lebte er nun hier von den Zinsen seines Erbes, die durch zwei großzügige Stipendien aufgebessert wurden. Er rauchte drei Unzen Tabak in der Woche – John Cotton, Medium – und trank anderthalb Pint Bier am Tag, das halbe zum Lunch und das ganze zum Dinner, eine Mahlzeit, die er ausnahmslos in der Hall des College einnahm. Er hatte vier Freunde, von denen drei schon mit ihm auf der Schule gewesen waren. Niemand im Bollinger Club hatte jemals von Paul Pennyfeather gehört, und er hatte seltsamerweise noch nie von ihnen gehört.

Ohne die leiseste Ahnung, welche unabsehbaren Folgen der Abend für ihn haben sollte, radelte er von einer Sitzung des Völkerbundvereins, wo er einen höchst interessanten Vortrag über Plebiszite in Polen gehört hatte, vergnügt nach Hause. Er gedachte noch ein Pfeifchen zu rauchen und vor dem Zubettgehen ein Kapitel aus der *Forsyte Saga* zu lesen. Er klopfte ans Tor, wurde eingelassen, räumte sein Fahrrad fort und huschte scheu wie immer quer über den Hof zu seiner Wohnung. So viele Leute hier auf einmal! Paul hatte eigentlich nichts gegen Trunkenheit – er hatte sogar vor der Thomas-More-Gesellschaft einen ziemlich kühnen Vortrag darüber gehalten –, aber Betrunkene waren ihm einfach nicht geheuer.

Da schwankte aus dem Dunkel der Nacht Lumsden of Strathdrummond wie ein druidischer Wackelstein auf ihn zu. Paul versuchte, an ihm vorbeizukommen.

Nun wollte es der Zufall, dass die Krawatte von Pauls alter Schule starke Ähnlichkeit mit der blaßblau-weißen des Bollinger Clubs aufwies. Und Lumsden of Strathdrummond war wohl kaum in der Lage, den Unterschied von einem Viertelzoll in der Streifenbreite wahrzunehmen.

»Hier trägt so eine Kanaille die Boller-Krawatte!«, rief der schottische Gutsherr. Nicht von ungefähr hatte seine Sippe seit vorchristlicher Zeit die Stammesherrschaft über ungezählte Quadratmeilen öden Heidemoors inne.

Mr Sniggs warf Mr Postlethwaite einen etwas besorgten Blick zu.

»Offenbar haben sie einen erwischt«, sagte er. »Hoffentlich tun sie ihm nicht ernsthaft weh.«

»Anscheinend reißen sie ihm die Kleider vom Leib.«

»Du liebe Zeit, ist das womöglich Lord Rending? Vielleicht sollte ich doch eingreifen.«

»Nein, Sniggs«, sagte Mr Postlethwaite und legte seinem ungestümen Kollegen die Hand auf den Arm. »Nein, nein, nein. Das wäre unklug, schon aus Rücksicht auf das Ansehen des Kollegiums. In ihrem derzeitigen Zustand sind sie möglicherweise taub für disziplinarische Ermahnungen. Wir müssen um jeden Preis einen *Skandal* vermeiden.«

Die Menge teilte sich, und Mr Sniggs seufzte vor Erleichterung. »Alles in Ordnung. Es ist nicht Rending. Es ist Pennyfeather – der ist unwichtig.«

»Gut, das erspart uns einen Haufen Ärger. Ich bin froh, Sniggs, wirklich. Na, der junge Mann hat aber eine Menge Kleidungsstücke verloren!«

Am nächsten Tag gab es eine erfreuliche Professorenkonferenz. »Zweihundertdreißig Pfund«, murmelte der Schatzmeister hingerissen, »die Schäden nicht gerechnet! Mit dem, was wir bereits gesammelt haben, macht das fünf Abende. Fünf Abende Founder's Port!«

»Im Fall Pennyfeather«, sagte der Rektor, »liegt die Sache allerdings völlig anders. Ihnen zufolge ist er *ohne Hose* über den ganzen Hof gelaufen. Das ist entschieden anstößig und keineswegs das Verhalten, das wir von einem Gelehrten erwarten dürfen.«

»Wie wäre es mit einer richtig satten Geldstrafe?«, schlug der Prodekan vor.

»Ich bezweifle, dass er die bezahlen könnte. Wie ich höre, ist er nicht gerade wohlhabend. *Ohne Hose*, also wirklich! Und um diese Zeit, mitten in der Nacht! Ich halte es für besser, wenn wir uns seiner gänzlich entledigen. Solche jungen Männer sind nicht gut für das College.«

Als Paul zwei Stunden später seine drei Anzüge in den kleinen Lederkoffer packte, wurde ihm ausgerichtet, der Schatzmeister wünsche ihn zu sprechen.

»Ah, Mr Pennyfeather«, sagte er. »Ich habe Ihre Wohnung inspiziert und zwei kleine Brandflecken entdeckt, einen auf dem Fensterbrett und einen anderen auf dem Kaminsims, offenbar von ausgedrückten Zigaretten. Ich setze Ihnen für jeden fünf Shilling sechs Pence auf Ihre Rechnung. Das ist alles, danke.«

Als Paul den Hof überquerte, begegnete er Mr Sniggs. »Geht es schon los?«, fragte der Prodekan munter.

»Ja, Sir«, sagte Paul.

Kurz darauf begegnete er dem Kaplan.

»Oh, Pennyfeather, bevor Sie gehen: Sie haben doch sicherlich noch mein Exemplar von Dekan Stanleys *Die Ostkirche*?«

»Ja. Ich habe es auf Ihren Tisch gelegt.«

»Danke. Na dann, auf Wiedersehen, mein lieber Junge. Ich nehme an, dass Sie nach der garstigen Geschichte gestern Abend über einen anderen Beruf nachdenken müssen. Na, Sie können von Glück sagen, dass Sie Ihre mangelnde Eignung für das Priesteramt entdeckt haben, bevor es zu spät ist. Wenn ein Pfarrer so etwas tut, erfährt es nämlich alle Welt. Und das kommt leider allzu oft vor! Was haben Sie denn für Pläne?«

»Ich weiß es noch nicht.«

»Eine Möglichkeit ist natürlich immer der Handel. Vielleicht können Sie in die weite Geschäftswelt einige der Ideale einbringen, die Sie in Scone kennengelernt haben. Aber das wird nicht leicht sein. Es braucht viel Tapferkeit, so etwas vergessen zu machen. Wie sagt doch Doktor Johnson über die Seelenstärke? … Nein, nein! *Ohne Hose!*«

Am Tor gab Paul dem Portier ein Trinkgeld. »Leben Sie wohl, Blackall«, sagte er. »Ich werde Sie vermutlich längere Zeit nicht sehen.«

»Ja, Sir, und das tut mir sehr leid. Jetzt werden Sie wohl Lehrer werden, Sir. Das machen die meisten Gentlemen, Sir, die wegen anstößigen Benehmens releriert werden.«

»Soll sie doch alle der Teufel holen, damit sie in der Hölle schmoren«, sagte Paul leise vor sich hin, als er zum Bahnhof fuhr, und dann schämte er sich, denn er fluchte sehr selten.

ANTON ČECHOV

Lebensüberdruss

Nach den Beobachtungen erfahrener Menschen fällt auch *Greisen* die Trennung vom diesseitigen Leben nicht leicht; dabei offenbaren sie nicht selten die Eigentümlichkeiten des Alters – Geiz und Habsucht sowie Argwohn, Kleinmut, Störrigkeit, Unzufriedenheit und so weiter.

»*Praktische Anleitung für Kirchendiener*«
P. Nečaev

Der Frau Oberst Anna Michajlovna Lebedeva war die einzige Tochter gestorben, ein bereits erwachsenes Mädchen. Dieser Tod zog einen zweiten Tod nach sich: Niedergeschmettert durch die Heimsuchung Gottes, fühlte die Alte, dass ihr ganzes vergangenes Leben unwiederbringlich dahin war und dass jetzt ein anderes Leben für sie begann, das mit dem ersten sehr wenig gemein hatte …

Eine fahrige Geschäftigkeit überkam sie. Als Erstes schickte sie dem Athos-Kloster tausend Rubel, und die Hälfte des häuslichen Silbers opferte sie für die Friedhofskapelle. Bald darauf stellte sie das Rauchen ein und legte ein Gelübde ab, kein Fleisch mehr zu essen. Doch von alledem wurde ihr keineswegs leichter, im Gegenteil, das Gefühl des Alters und der Todesnähe erfasste sie immer stärker und heftiger. Da verkaufte Anna Michajlovna für ein Spottgeld ihr Haus in der Stadt und eilte, ohne ein bestimmtes Ziel zu haben, auf ihr Landgut.

Wenn erst einmal im Bewusstsein des Menschen, in welcher Form auch immer, sich die Frage nach dem Sinn des Daseins erhebt und sich ein lebendiges Bedürfnis einstellt, den Blick auf die jenseitigen Gefilde zu richten, dann findet der Mensch weder im Opfer noch im Fasten, noch im Pilgern von Ort zu Ort Ruhe. Zum Glück aber ließ das Schicksal Anna Michajlovna gleich nach ihrer Ankunft in Ženino ein Ereignis erleben, über das sie für lange Zeit Alter und Todesnähe vergaß. Der Zufall wollte es, dass sich just am Tage ihrer Ankunft der Koch Martyn beide Beine mit siedendem Wasser verbrühte. Man jagte sofort ein Fuhrwerk zum Landarzt; der aber war nicht zu Hause. Da wusch Anna Michajlovna, die empfindliche, sich stets ekelnde Anna Michajlovna, mit eigener Hand die Wunden des Martyn, bestrich sie mit Salbe und legte an beiden Beinen einen Verband an. Die ganze Nacht wachte sie am Bett des Koches. Als Martyn dank ihren Bemühungen zu stöhnen aufhörte und einschlummerte, wurde ihre Seele, wie sie später berichtete, von etwas ›erleuchtet‹. Ihr schien plötzlich, als träte das Ziel ihres Lebens in voller Klarheit vor sie hin … Bleich und mit feuchten Augen küsste sie andächtig die Stirn des schlafenden Martyn und begann zu beten.

Von nun an widmete sich die Lebedeva der Heilkunst. In den Tagen ihres sündhaften, unsauberen Vorlebens, dessen sie sich jetzt nie anders als mit Abscheu erinnerte, hatte sie sich oft aus Langeweile ärztlich behandeln lassen.

Außerdem hatten zu ihren Geliebten auch Doktoren gehört, denen sie dies und jenes abgesehen hatte. Das eine wie das andere kam ihr jetzt überaus zustatten. Sie bestellte sich eine Hausapotheke, einige Bücher, die Zeitschrift *Vrač* und machte sich kühn ans Kurieren.

Anfänglich ließen sich nur die Einwohner von Ženino behandeln, dann aber kamen nach und nach Patienten aus allen umliegenden Dörfern.

»Stellen Sie sich vor, meine Liebe«, rühmte sie sich etwa drei Monate nach ihrer Ankunft vor der Frau des Popen, »gestern hatte ich sechzehn Patienten, heute aber ganze zwanzig! Ich habe mich so mit ihnen abgemüht, dass ich kaum noch auf den Beinen stehe. Mein ganzes Opium ist verbraucht, stellen Sie sich das vor! In Gurjino grassiert die Ruhr.«

Jeden Morgen beim Erwachen dachte sie daran, dass die Kranken sie erwarteten, und ein angenehmes Erschauern durchfuhr ihr Herz. Nachdem sie sich angekleidet und hastig ihren Tee getrunken hatte, eröffnete sie die Sprechstunde. Die Annahmeprozedur bereitete ihr unsagbaren Genuss. Zunächst schrieb sie langsam, als wolle sie den Genuss hinauszuziehen, die Patienten in ihr Heft ein, dann rief sie sie der Reihe nach zu sich herein. Je schwerer das Leiden eines Kranken, je schmutziger und abstoßender seine Krankheit war, desto süßer schien ihr die Arbeit. Nichts machte ihr größeres Vergnügen als der Gedanke, dass sie ihren Widerwillen bezwang und sich nicht schonte, und sie bemühte sich absichtlich, möglichst lange in den eiternden Wunden zu wühlen. Es gab Minuten, da sie, wie berauscht von der Hässlichkeit und dem Gestank dieser Wunden, in einen begeisterten Zynismus verfiel. Dann regte sich in ihr der übermächtige Wunsch, die eigene Natur zu vergewaltigen, und in solchen Minuten kam es ihr vor, als stünde sie auf dem Gipfel ihrer Berufung. Sie vergötterte ihre Patienten. Das Gefühl sagte ihr, dass es ihre Retter waren, und ihr Verstand wollte in ihnen nicht Einzelpersonen, nicht einfach Bauern sehen, sondern etwas Abstraktes – das Volk! Deshalb war sie ihnen gegenüber auch so ungewöhnlich weich und schüchtern. Sie errötete wegen ihrer Fehler und hatte in den Sprechstunden stets das Aussehen einer Schuldnerin.

Jedes Mal nach der Sprechstunde stürzte sie sich, noch rot vor Anstrengung, erschöpft und leidend, auf die Lektüre. Sie las medizinische Bücher und diejenigen russischen Autoren, die ihrer Stimmung am meisten entsprachen.

Seit Anna Michajlovna dieses neue Leben begonnen hatte, fühlte sie sich erfrischt, zufrieden und beinahe glücklich. Ein erfüllteres Leben wollte sie gar nicht. Nun aber fügten sich, gleichsam zur Vollendung des Glücks, sozusagen anstelle eines Desserts, die Umstände so, dass sie sich mit ihrem Mann versöhnte, demgegenüber sie sich in tiefer Schuld fühlte. Vor siebzehn Jahren, kurz nach der Geburt ihrer Tochter, hatte sie ihren Gatten, Arkadij Petrovič, betrogen und sich von ihm trennen müssen. Sie hatte ihn seit dieser Zeit nicht mehr gesehen. Er diente irgendwo im Süden als Batteriekommandeur bei der Artillerie und hatte seiner Tochter hin und wieder, etwa zweimal jährlich, einen Brief geschickt, den diese sorgsam vor der Mutter versteckte. Nach dem Tod der Tochter erhielt Anna Michajlovna überraschend einen langen Brief von ihm. In altersmüder, schwächlicher Schrift schrieb er ihr, er habe mit der Tochter das letzte verloren, das ihn noch ans Leben gebunden habe; er sei alt und krank und sehne den Tod herbei, den er jedoch gleichzeitig fürchte. Er klagte darüber, dass ihm alles lästig und widerwärtig geworden sei, dass er mit den Menschen nicht mehr zurechtkomme und nichts so sehr herbeiwünsche wie den Zeitpunkt, da er seine Batterie abgeben und fern von dem ganzen Gezänk leben könne. Zum Schluss bat er seine Frau um Christi willen, für ihn zu beten, auf ihr eigenes Wohlergehen bedacht zu sein und nicht den Mut sinken zu lassen. Zwischen den beiden Alten entspann sich eine lebhafte Korrespondenz. Wie aus den folgenden Briefen zu entnehmen war, die alle gleich kläglich und düster klangen, erging es dem Oberst nicht nur wegen seiner Krankheiten und des Verlustes der Tochter schlecht: Er steckte tief in Schulden, hatte sich mit den Vorgesetzten und seinen Offizieren überworfen, hatte seine Batterie so vernachlässigt, dass er sie nicht einmal abgeben konnte, und so weiter. Der Briefwechsel zwischen den Ehegatten dauerte rund zwei Jahre und endete damit, dass der Alte seinen Abschied nahm und nach Ženino übersiedelte.

Als er an einem Februartag um die Mittagsstunde eintraf, lagen die Gebäude von Ženino hinter hohen Schneewehen verborgen, es herrschte strenger, klirrender Frost, und in der blauen, durchsichtigen Luft lag Totenstille.

Anna Michajlovna, die durchs Fenster zuschaute, wie er aus dem Schlitten stieg, erkannte ihren Mann nicht wieder. Sie sah einen kleinen, gebeugten, schon ganz hinfälligen und gebrechlichen Greis vor sich. Vor allem fielen ihr die greisenhaften Falten an seinem langen Hals und die dürren Beinchen mit den krummen Knien auf, die wie Prothesen aussahen. Als er mit dem Kutscher abrechnete, redete er lange auf diesen ein und spuckte schließlich böse aus.

»Es ist sogar widerlich, mit Ihnen zu sprechen«, hörte Anna Michajlovna ihn mit greisenhafter Stimme knurren. »Sieh endlich ein, dass es unmoralisch ist, Trinkgeld zu verlangen! Jeder hat nur das zu bekommen, was er verdient hat, jawohl!«

Als er ins Vorzimmer trat, sah Anna Michajlovna sein gelbes, nicht einmal vom Frost gerötetes Gesicht mit den vorstehenden Krebsaugen und dem dürftigen Bärtchen, in dem sich graue Haare mit fuchsroten vermischten. Arkadij Petrovič umfasste seine Frau mit einem Arm und küsste sie auf die Stirn. Während die beiden Alten einander anschauten, schienen sie zu erschrecken und wurden furchtbar verlegen, als schämten sie sich ihres Alters.

»Du kommst gerade zur rechten Zeit«, sagte Anna Michajlovna hastig. »Diesen Augenblick ist zum Essen gerufen worden! Du wirst nach der Reise vorzüglich speisen!«

Sie setzten sich an den Mittagstisch. Den ersten Gang verzehrten sie schweigend. Arkadij Petrovič zog aus seinem Rock eine dicke Brieftasche und sah irgendwelche Zettel durch, während seine Frau den Salat zubereitete. Bei beiden häufte sich der Gesprächsstoff zu Bergen, aber weder der eine noch der andere rührte diese Berge an. Beide spürten, dass die Erinnerung an die Tochter einen stechenden Schmerz und Tränen hervorrufen würde, aus der Vergangenheit aber stiegen ihnen wie aus einem tiefen Essigfass stickiger Geruch und Finsternis entgegen …

»Du isst ja gar kein Fleisch«, bemerkte Arkadij Petrovič.

»Ja, ich habe ein Gelübde abgelegt, keinerlei Fleischgerichte mehr zu essen …«, antwortete seine Frau leise.

»Wirklich? Der Gesundheit schadet das nicht … chemisch

gesehen bestehen Fisch und überhaupt alle Fastenspeisen aus den gleichen Elementen wie Fleisch. In Wirklichkeit gibt es überhaupt keine Fastenspeisen …« (Wozu sage ich das eigentlich?, dachte der Alte.) »Diese Gurke zum Beispiel ist genauso wenig Fastennahrung wie ein Hähnchen …«

»Nein … wenn ich eine Gurke esse, so weiß ich, dass man ihr nicht das Leben genommen, dass man kein Blut vergossen hat …«

»Das, meine Liebe, ist optische Täuschung. Mit der Gurke verspeist du sehr viele Infusorien, und hat die Gurke selbst etwa nicht gelebt? Pflanzen sind doch auch Organismen! Und die Fische?«

Wozu sage ich diesen Blödsinn?, dachte Arkadij Petrovič noch einmal und begann im gleichen Augenblick eilig von den Fortschritten zu erzählen, die die Chemie jetzt macht.

»Das reinste Wunder!«, sagte er, während er mühsam das Brot zerkaute. »Bald wird man Milch chemisch herstellen, und vielleicht wird eines Tages sogar das Fleisch so erzeugt! Jawohl! In tausend Jahren wird sich in jedem Haus statt der Küche ein chemisches Laboratorium befinden, wo man aus wertlosen Gasen und ähnlichem Zeug alles herstellt, was man braucht!«

Anna Michajlovna blickte auf seine unruhig hin und her rollenden Krebsaugen und hörte zu. Sie fühlte, dass der Alte von der Chemie nur deswegen sprach, weil er über etwas anderes nicht reden wollte, aber nichtsdestoweniger interessierte sie seine Theorie von den Fastenspeisen und der Fleischnahrung.

»Bist du als General in den Ruhestand getreten?«, fragte sie, als er plötzlich verstummte und sich schnäuzte.

»Ja, als General … Exzellenz …«

Der General sprach während des ganzen Mittagessens ohne Unterbrechung. Er offenbarte auf diese Weise eine übermäßige Redseligkeit, die Anna Michajlovna in den Zeiten der Jugend bei ihm nicht gekannt hatte. Von seinem Geschwätz begann der alten Frau der Kopf zu schmerzen.

Nach dem Essen begab er sich zur Mittagsruhe auf sein Zimmer, aber er konnte trotz seiner Erschöpfung nicht einschlafen. Als die Alte vor dem Abendtee bei ihm eintrat, lag er zusammengekrümmt unter der Bettdecke, starrte die Zimmerdecke an und gab stoßweise Seufzer von sich.

»Was hast du, Arkadij?«, fragte Anna Michajlovna erschrocken und schaute sein fahl gewordenes, in die Länge gezogenes Gesicht an.

»Ni… nichts …«, sagte er. »Rheumatismus.«

»Warum sagst du mir das nicht? Vielleicht kann ich dir helfen!«

»Da kann keiner helfen.«

»Wenn es Rheumatismus ist, muss man Jod aufstreichen … und Salicylnatron einnehmen …«

»Das ist alles Blödsinn … Acht Jahre hat man mich behandelt … Trampel nicht so mit den Füßen!« schrie der General plötzlich die alte Dienerin an und starrte sie mit hervorquellenden Augen wütend an. »Trampelt wie ein Pferd!«

Anna Michajlovna und die Dienerin, die einen solchen Ton schon lange nicht mehr gewöhnt waren, wechselten einen Blick und erröteten. Der General bemerkte ihre Verwirrung, runzelte die Stirn und drehte sich zur Wand.

»Ich muss dir gleich sagen, Anjuta …«, stöhnte er. »Ich

habe einen ganz unleidlichen Charakter. Auf meine alten Tage bin ich mürrisch geworden …«

»Man muss sich überwinden …« entgegnete Anna Michajlovna seufzend.

»Leicht gesagt: ›muss!‹ Auch die Schmerzen müssten nicht sein, aber siehst du, die Natur hört nicht auf unser: ›muss!‹ Au! Geh raus, Anjuta … wenn ich Schmerzen habe, stört mich die Anwesenheit von Menschen. Es fällt mir schwer zu sprechen …«

So vergingen Tage, Wochen, Monate. Allmählich wurde Arkadij Petrovič am neuen Ort heimisch; er gewöhnte sich ein, und man gewöhnte sich an ihn. Die erste Zeit blieb er ständig zu Hause, ohne jemals auszugehen, aber die Vergreisung und Schwere seines Charakters waren in ganz Ženino zu spüren. Er wachte gewöhnlich sehr zeitig auf, gegen vier Uhr morgens, und begann den Tag mit einem schallenden Gehuste, sodass Anna Michajlovna und die ganze Dienerschaft geweckt wurden. Um die lange Zeit vom frühen Morgen bis zum Mittag irgendwie totzuschlagen, wanderte er, wenn nicht das Rheuma ihm die Beine lähmte, durch alle Zimmer und bemäkelte die Unordnung, die er überall wahrzunehmen meinte. Ihn regte alles auf: die Faulheit der Diener, laute Schritte, das Krähen der Hähne, der Rauch aus der Küche, das Läuten der Kirchenglocken … Er murrte, schalt, hetzte die Diener, aber nach jedem Schimpfwort griff er sich an den Kopf und sagte mit weinerlicher Stimme:

»Gott, was hab ich für einen Charakter! Einen unausstehlichen Charakter!«

Zu Mittag aß er reichlich und schwatzte ununterbrochen. Er redete über den Sozialismus, über die neuen Militärreformen, über Hygiene; Anna Michajlovna aber hörte zu und fühlte, dass er das alles nur sagte, um nicht über die Tochter und die Vergangenheit zu sprechen. Wenn sie beide zusammen waren, wurden sie immer noch verlegen, und sie schienen sich wegen irgendetwas zu schämen. Nur abends, wenn die Zimmer im Dämmerlicht lagen und hinter dem Ofen das Heimchen zirpte, schwand diese Verlegenheit. Dann saßen sie nebeneinander, schwiegen, und es flüsterte sozusagen ihre Seele von dem, was auszusprechen sie beide sich nicht entschließen konnten. In diesen Stunden übertrugen sich die ihnen noch verbliebenen Reste an Lebenswärme von einem auf den anderen, und jeder verstand ausgezeichnet, was der andere dachte. Kaum aber hatte die Dienerin die Lampe gebracht, da fing der Alte schon wieder an zu schwatzen oder die Unordnung zu bemäkeln. Zu tun hatte er überhaupt nichts. Anna Michajlovna wollte ihn anfangs zu ihrer Heilpraxis hinzuziehen, aber schon in der ersten Sprechstunde gähnte er und wurde missmutig. Ihn zum Lesen zu bringen gelang ebenfalls nicht. Lange lesen konnte er nicht, da er vom Militär gewohnt war, nur in dienstfreien Stunden zu lesen. Fünf, sechs Seiten genügten, und schon wurde er müde und setzte seine Brille ab.

Aber es kam der Frühling, und plötzlich änderte der General seine Lebensweise vollkommen. Als sich vom Gutshof hinaus auf die grünenden Felder und nach dem Dorf hin frisch ausgetretene Pfade zogen und in den Bäumen vor den Fenstern die Vögel sich tummelten, begann der General zu Anna Michajlovnas Überraschung in die Kirche zu gehen. Er tat das nicht nur an den Feiertagen, sondern auch alltags. Angefangen hatte dieser religiöse Eifer, als der Alte ohne Wissen seiner Frau eine Seelenmesse für die Tochter hatte lesen lassen. Während der Seelenmesse lag er auf den Knien, verneigte sich bis zur Erde, weinte, und ihm schien, er bete inbrünstig. Aber das war kein Gebet. Völlig versunken in sein väterliches Gefühl, malte er sich in der Erinnerung die Züge der geliebten Tochter aus, schaute auf die Ikonen und flüsterte:

»Šuročka! Mein geliebtes Kind! Mein Engel!«

Es war ein Anfall von Altersschwermut, aber der Greis glaubte, in ihm vollzöge sich eine Reaktion, ein Umschwung. Am darauffolgenden Tag zog es ihn wieder in die Kirche, am dritten ebenfalls … Von der Kirche kehrte er frisch und strahlend heim, mit einem Lächeln auf dem Gesicht. Beim Mittagessen wurden nun die Religion und theologische Fragen zum Thema seines ununterbrochenen Geschwätzes. Mehrmals fand ihn Anna Michajlovna, wenn sie in sein Zimmer trat, beim Blättern im Evangelium. Doch leider dauerte diese religiöse Begeisterung nicht lange. Nach einem besonders schweren Rheumaanfall, der eine ganze Woche anhielt, suchte er die Kirche nicht mehr auf: Irgendwie war es ihm entfallen, dass er zur Messe gehen musste.

Nun suchte er plötzlich Geselligkeit.

»Ich verstehe nicht, wie man ohne jede Gesellschaft leben kann«, brummte er. »Ich muss unseren Nachbarn eine Visite machen! Das mag zwar dumm und unnütz sein, aber solange ich lebe, muss ich mich den Regeln der guten Gesellschaft fügen.«

Anna Michajlovna stellte ihm ein Gespann zur Verfügung. Er stattete den Nachbarn Visiten ab, aber ein zweites Mal fuhr er schon nicht mehr hin. Sein Bedürfnis nach Gesellschaft befriedigte er damit, dass er im Dorf herumschwadronierte und die Bauern belästigte.

Eines Morgens saß er im Speisezimmer am offenen Fenster und trank Tee. Vor dem Fenster, im Gärtchen, bei den Flieder- und Stachelbeersträuchern saßen auf den Bänkchen die Bauern herum, die zu Anna Michajlovna zur Behandlung gekommen waren. Der Alte sah sie lange mit zusammengekniffenen Augen an; dann begann er zu murren: »*Ces moujiks* … Objekte des gesellschaftlichen Kummers … Statt eure Krankheiten kurieren zu lassen, tätet ihr besser, euch dorthin zu begeben, wo eure Gemeinheiten und Schändlichkeiten kuriert werden.«

Anna Michajlovna, die ihre Patienten vergötterte, hielt mit dem Ausschenken des Tees inne und blickte mit stummer Verwunderung auf den Alten. Die Patienten, die im Lebedev'schen Haus nichts als Freundlichkeit und warme Anteilnahme kennengelernt hatten, staunten auch und erhoben sich.

»Ja, meine Herren Bäuerlein … *ces moujiks* …«, fuhr der General fort. »Ich wundere mich über euch. Wundere mich sehr! Na, sind sie nicht das reine Vieh?«, sagte der Alte zu Anna Michajlovna. »Das Bezirkszemstvo hat ihnen Hafer für die Aussaat geliehen, sie aber haben den ganzen Hafer vertrunken! Nicht nur einer hat das getan, nicht zwei – nein, alle! Die Kneipenwirte wussten schon nicht mehr, wo sie den Hafer hinschütten sollten … Ist das gut?« Der General wandte sich den Bauern zu. »He? Ist das gut?«

»Hör auf, Arkadij!«, flüsterte Anna Michajlovna.

»Ihr glaubt wohl, das Zemstvo hat den Hafer umsonst herbeigeschafft? Was für Bürger seid ihr eigentlich, wenn ihr weder das eigene noch das fremde, noch staatliches Eigentum achtet? Den Hafer also habt ihr vertrunken … den Wald habt ihr abgeholzt und auch vertrunken … alles und überall stehlt ihr … Meine Frau kuriert euch, ihr aber stehlt ihr die Planken vom Zaun … Ist das gut?«

»Genug!«, stöhnte die Generalin.

»Höchste Zeit, vernünftig zu werden …«, murrte der General weiter. »Man schämt sich ja, euch anzusehen! Du da, mit dem Rotschopf, du bist also zur Behandlung hergekommen – dein Bein tut dir weh? –, aber dir zu Hause die Beine zu waschen, daran hast du nicht gedacht … Dreck, fingerdick! Erwartest wohl, dass man sie dir hier wäscht, du Dummkopf? Haben sich in den Kopf gesetzt, sie wären *ces moujiks*, bilden sich ein, sie könnten anderen auf dem Rücken herumtanzen. Da vollzieht der Pope bei irgendeinem Fëdor, dem Tischler von hier, die Trauung. Der Tischler zahlt keine Kopeke. ›Die Armut!‹, sagt er. ›Kann nicht!‹ Na schön. Nun bestellt aber der Pope bei dem Fëdor ein Brettchen für Bücher … Und was meinst du? Fünfmal erscheint er beim Popen wegen der Bezahlung! Äh! Sind sie nicht das reine Vieh? Selbst hat er dem Popen nichts bezahlt, aber …«

»Der Pope hat auch so Geld genug …«, sagte mit verdrossener Bassstimme einer der Patienten.

»Woher weißt du das?« Der General geriet in Wut. Er sprang auf und lehnte sich aus dem Fenster. »Hast du dem Popen etwa in die Tasche gesehen? Soll er doch Millionär sein, trotzdem darfst du seine Arbeit nicht umsonst beanspruchen! Du gibst nichts umsonst, also nimm auch nichts umsonst! Du kannst dir nicht vorstellen, was bei ihnen für Abscheulichkeiten vorkommen«, sagte der General zu Anna Michajlovna. »Du solltest mal ihre Gerichtstage und ihre Versammlungen erleben! Räuber sind das!« Der General hörte selbst nach Beginn der Sprechstunde nicht auf zu schimpfen. Er belästigte jeden Patienten, äffte alle nach, bezeichnete sämtliche Krankheiten als Folge von Trunksucht und Hurerei.

»Bist du aber mager!«, sagte er zu einem Kranken und stieß ihm mit dem Finger gegen die Brust. »Und wie kommt das? Nichts zu essen! Alles vertrunken! Du hast doch den Hafer vom Zemstvo vertrunken?«

»Wozu lange reden«, seufzte der Kranke, »früher, unter den Herren war es besser …«

»Das lügst du! Du schwindelst!« Der General brauste auf. »Das sagst du doch nicht ehrlich, sondern nur, um zu schmeicheln.«

Am nächsten Tag saß der General wieder am Fenster und belästigte die Patienten. Diese Beschäftigung sagte ihm zu, und von nun an saß er alle Tage am Fenster. Als Anna Michajlovna sah, dass er keine Ruhe gab, begann sie die Kranken in einer Scheune zu behandeln, aber auch dorthin kam der General. Die alte Frau trug diese ›Prüfung‹ mit stiller Ergebenheit und brachte ihren Protest nur dadurch zum Ausdruck, dass sie errötete und den beschimpften Patienten Geld zusteckte; als aber die Kranken, denen der General ganz und gar nicht behagte, immer seltener kamen, hielt sie es nicht länger aus. Einmal beim Mittagessen, als der General wieder über die Patienten herzog, starrte sie ihn plötzlich mit blutunterlaufenen Augen an, und ein krampfhaftes Zucken lief über ihr Gesicht.

»Ich habe dich ersucht, meine Patienten in Ruhe zu lassen …«, sagte sie streng. »Wenn du das Bedürfnis hast, deinen Charakter an jemandem auszulassen, so schilt mich, aber sie lass in Frieden … Deinetwegen kommen sie nicht mehr zur Behandlung.«

»Ah, sie kommen nicht mehr!«, entgegnete schmunzelnd der General. »Sie sind beleidigt! Du zürnst, Jupiter, also bist du im Unrecht. Hoho … Das ist gut, Anjuta, dass sie nicht mehr kommen. Ich bin sehr froh darüber … Mit deiner Behandlung richtest du ja nichts als Schaden an! Statt sich im Zemstvo-Krankenhaus vom Arzt nach den Regeln der Wissenschaft behandeln zu lassen, kommen sie zu dir und kriegen gegen alle Krankheiten Natron und Rizinus. Großen Schaden richtest du an!«

Anna Michajlovna blickte den Alten durchdringend an, überlegte, und plötzlich wurde sie bleich.

»Natürlich«, schwatzte der General weiter. »In der Medizin sind vor allem Kenntnisse vonnöten und dann erst Philanthropie, ohne Kenntnisse ist es Scharlatanerie … Und nach dem Gesetz hast du gar nicht das Recht zu praktizieren. Meiner Meinung nach erweist du den Kranken einen viel besseren Dienst, wenn du sie wegjagst, sie zum Arzt jagst, statt selbst zu praktizieren.«

Der General schwieg eine Weile und fuhr dann fort:

»Wenn es dir nicht gefällt, wie ich mit ihnen umgehe, dann bitte sehr, ich stelle die Gespräche ein … obwohl im Übrigen … wenn man es gewissenhaft bedenkt, Offenheit ihnen gegenüber weitaus besser ist als Schweigen und Ehrerbietung. Alexander von Mazedonien ist ein großer Mann, aber darum gehört es sich noch lange nicht, Stühle zu zerschlagen; so ist auch das russische Volk ein großes Volk, aber daraus folgt noch nicht, dass man ihm nicht die Wahrheit ins Gesicht sagen darf. Man darf aus dem Volk kein Schoßhündchen machen. Diese *ces moujiks* sind genau solche Menschen wie du und ich, mit genau solchen Mängeln, deshalb soll man nicht für sie beten, sie nicht bemuttern, sondern muss sie belehren, bessern … ihnen etwas beibringen …«

»Es ist nicht an uns, sie zu belehren …«, murmelte die Generalin. »Wir können vielmehr von ihnen lernen.«

»Was denn?«

»So manches … Und wenn es nur … die Liebe zur Arbeit ist …«

»Liebe zur Arbeit? Wie bitte? Sagtest du: Liebe zur Arbeit?«

Der General verschluckte sich und begann zu husten. Er sprang auf und schritt durchs Zimmer.

»Habe ich etwa nicht gearbeitet?«, stieß er wütend hervor. »Im Übrigen … ich bin Intellektueller und kein *moujik*, wo soll ich denn arbeiten? Ich … ich bin Intellektueller.«

Der Alte war jetzt ernstlich beleidigt, sein Gesicht nahm einen knabenhaft eigensinnigen Ausdruck an.

»Tausende von Soldaten sind durch meine Hände gegangen, ich habe im Krieg jede Kälte ertragen, habe mir fürs ganze Leben Rheumatismus geholt, und … und ich soll nicht gearbeitet haben! Oder du sagst, ich soll bei deinem Volk lernen, wie man leidet? Natürlich, ich habe ja in meinem Leben niemals gelitten! Ich habe die leibliche

Tochter verloren … das Einzige, was einen in diesem verfluchten Alter noch ans Leben bindet! Ich habe niemals gelitten!«

Bei der unerwarteten Erwähnung der Tochter brachen die beiden Alten plötzlich in Tränen aus, die sie sich mit der Serviette abwischten.

»Als ob wir nicht auch leiden!«, schluchzte der General, der seinen Tränen freien Lauf ließ. »Sie haben im Leben ein Ziel … einen Glauben, aber wir haben nur Fragen und Furcht! Als ob wir nicht leiden!«

In den beiden Alten erwachte das Gefühl des Mitleids füreinander. Sie setzten sich, schmiegten sich aneinander und weinten zusammen etwa zwei Stunden lang. Danach schauten sie sich mutig in die Augen und sprachen mutig von der Tochter, von der Vergangenheit, von der drohenden Zukunft.

Abends gingen beide im selben Zimmer schlafen. Der Alte redete ununterbrochen, sodass seine Frau keinen Schlaf fand.

»Mein Gott, habe ich einen Charakter!«, sagte er. »Wozu habe ich dir das alles gesagt? Das waren doch deine Illusionen, und für den Menschen, besonders den alten Menschen, ist es etwas Natürliches, mit Illusionen zu leben. Mit meinem Gerede nahm ich dir den letzten Trost. Du hättest gewusst, wozu du da bist, hättest bis zu deinem Tode die Bauern kuriert, hättest kein Fleisch gegessen; nun ist alles weg, der Teufel hat mich geritten! Ohne Illusionen kommt niemand aus … Manchmal leben ganze Staaten von Illusionen … Die berühmten Schriftsteller bringen wohl kluge Dinge zuwege, aber auch sie können das nicht ohne Illusionen. Dein Lieblingsschriftsteller hat ja sieben Bände über das ›Volk‹ geschrieben!«

Eine Stunde später drehte sich der Alte herum und sagte: »Und wie kommt es, dass gerade im Alter der Mensch seine Empfindungen beobachtet und sein Verhalten kritisch beurteilt? Warum tut er das nicht in der Jugend? Das Alter ist ohnehin nicht zu ertragen … Ja … In der Jugend geht das ganze Leben spurlos an einem vorüber, ohne sich ins Bewusstsein einzugraben, im Alter aber bohrt sich selbst die kleinste Empfindung wie ein Nagel in den Kopf und ruft eine Unzahl von Fragen hervor …«

Die beiden Alten schliefen spät ein, standen jedoch schon früh wieder auf. Überhaupt schliefen sie, seitdem Anna Michajlovna die Heilpraxis aufgegeben hatte, wenig und schlecht, wodurch ihnen das Leben doppelt lang vorkam … Die Nächte verkürzten sie sich durch Gespräche, am Tag aber schlenderten sie müßig durch die Zimmer oder den Garten und schauten einander fragend in die Augen.

Gegen Ende des Sommers sandte ihnen das Schicksal eine weitere ›Illusion‹. Einmal, als Anna Michajlovna ins Zimmer ihres Mannes trat, fand sie ihn bei einer interessanten Beschäftigung: Er saß am Tisch und aß gierig geschabten Rettich mit Leinöl. Alle Muskeln in seinem Gesicht vibrierten, und von seinen Mundwinkeln troff der Speichel.

»Iss mal, Anjuta!«, schlug er ihr vor. »Einfach herrlich!«

Anna Michajlovna kostete von dem Rettich und begann zu essen. Bald zeigte sich auch in ihrem Gesicht der Ausdruck von Gier …

»Weißt du, schön wäre …«, sagte der General noch am selben Tag beim Schlafengehen. »Schön wäre, so wie die

Juden es machen – einem Hecht den Bauch aufschlitzen, den Rogen herausnehmen, und weißt du, dann mit Schnittlauch … ganz frisch …«

»Na und? Einen Hecht fangen ist nicht schwer!«

Schon ausgekleidet, auf bloßen Füßen begab sich der General in die Küche, weckte den Koch und befahl ihm, einen Hecht zu fangen. Am nächsten Morgen hatte Anna Michajlovna plötzlich Verlangen nach gedörrtem Stör; und Martyn musste in die Stadt galoppieren, um Stör zu holen.

»Ach«, sagte die Alte erschrocken, »ich habe vergessen, ihm aufzutragen, dass er auch gleich Pfefferkuchen kauft! Ich möchte etwas Süßes.«

Die Alten gaben sich den kulinarischen Genüssen hin. Beide saßen unentwegt in der Küche und erfanden um die Wette neue Gerichte. Der General strengte sein Gehirn an, er dachte zurück an das Junggesellendasein im Lager, als er sich selbst der Kochkunst widmen musste, und er erfand alles Mögliche … Von den Gerichten, die er erfunden hatte, gefiel beiden am besten das eine, das aus Reis, geriebenem Käse, Eiern und Saft von kurz gebratenem Fleisch zubereitet wurde. An das Essen kam viel Pfeffer und Lorbeerblatt.

Mit diesem pikanten Gericht fand die letzte ›Illusion‹ ihr Ende. Es sollte im Leben der beiden die letzte Erquickung sein.

»Wahrscheinlich kommt Regen«, sagte in einer Septembernacht der General, bei dem ein Anfall begann. »Ich hätte heute nicht so viel Reis essen sollen … Es drückt.«

Die Generalin hatte sich auf dem Bett ausgestreckt und atmete schwer. Ihr war heiß. Ebenso wie der General verspürte auch sie ein Ziehen unterhalb des Herzens.

»Und dann jucken noch die Beine, der Teufel soll sie holen«, brummte der General. »Es kribbelt von den Fersen bis hinauf zu den Knien … Es schmerzt und juckt … Nicht auszuhalten, hol's der Teufel! Ach so, ich lasse dich nicht schlafen … Verzeih …«

Über eine Stunde herrschte Schweigen … Anna Michajlovna gewöhnte sich allmählich an den Druck unter dem Herzen und schlummerte ein. Der Alte richtete sich im Bett auf, legte den Kopf auf die Knie und blieb lange in dieser Stellung sitzen. Dann begann er sich die Schienbeine zu kratzen. Je eifriger seine Fingernägel arbeiteten, desto schlimmer wurde das Jucken.

Kurze Zeit später stieg der unglückliche Alte aus dem Bett und humpelte durchs Zimmer. Er schaute aus dem Fenster …

Draußen im hellen Mondlicht schlug die herbstliche Kälte die erstorbene Natur mehr und mehr in ihren Bann. Man sah, wie ein kalter grauer Nebel über das fahle Gras hinzog und wie im froststarren Wald, der noch nicht schlief, das letzte Laub an den Bäumen zitterte.

Der General setzte sich auf den Fußboden, umfasste seine Knie und legte den Kopf darauf.

»Anjuta!«, rief er.

Die Alte, die gut hörte, drehte sich um und schlug die Augen auf.

»Weißt du, was ich denke, Anjuta«, begann der Alte. »Schläfst du auch nicht? Ich denke, dass im Alter der natürlichste Lebensinhalt die Kinder sein müssen. Was meinst du? Aber wo nun einmal keine Kinder da sind, muss sich der Mensch mit etwas anderem beschäftigen … Wenn man alt wird, ist es schön, Schriftsteller zu sein … Künstler … Gelehrter … Es heißt, Gladstone studiere, wenn er nichts zu tun hat, die Klassiker des Altertums und – gehe ganz in diesen Studien auf. Selbst wenn man ihn absetzt, wird er doch etwas haben, was sein Leben ausfüllt. Schön wäre es auch, sich dem Mystizismus zu ergeben oder … oder …«

Der Alte kratzte sich die Beine und fuhr fort:

»Es kommt aber auch vor, dass alte Leute wieder wie Kinder werden, weißt du, wenn sie Bäumchen pflanzen möchten, Orden tragen … sich mit Spiritismus befassen.«

Es ertönte ein leises Schnarchen der Alten. Der General stand auf und schaute wieder aus dem Fenster. Die strenge Kälte wollte jetzt schon ins Zimmer herein, der Nebel war bis zum Wald gezogen und hüllte die Baumstämme ein.

Wie viel Monate sind es noch bis zum Frühling?, dachte der Alte, während er seine Stirn an die kalte Fensterscheibe legte. Oktober … November … Dezember … Sechs Monate!

Und irgendwie kamen ihm diese sechs Monate endlos, endlos lang vor. Er humpelte durchs Zimmer und setzte sich aufs Bett.

»Anjuta!«, rief er.

»Was?«

»Ist deine Apotheke abgeschlossen?«

»Nein, weswegen?«

»Nichts … Ich will mir die Beine mit Jod einreiben.«

Wieder trat Schweigen ein.

»Anjuta!« Noch einmal weckte der Alte seine Frau.

»Was denn?«

»Sind Schilder auf den Fläschchen?«

»Ja, natürlich.«

Der General zündete langsam eine Kerze an und ging aus dem Zimmer.

Noch lange hörte Anna Michajlovna im Halbschlaf das Schlurfen seiner nackten Füße und das Klirren der Medizinfläschchen. Schließlich kehrte er zurück, ächzte und legte sich schlafen.

Morgens wachte er nicht mehr auf. War er nun einfach so gestorben, oder war es von dem Gang zur Hausapotheke gekommen – Anna Michajlovna wusste es nicht. Ihr war auch nicht danach zumute, die Ursache dieses Todes zu erforschen …

Wieder überkam sie eine fahrige, krampfhafte Geschäftigkeit, wieder begannen Opfer, Fasten, Gelübde, Vorbereitungen für eine Pilgerfahrt.

»Ins Kloster!«, flüsterte sie und drückte sich angstvoll an die alte Dienerin. »Ins Kloster!«

MORITZ HEGER

Die Generälin

Georg saß wie gewöhnlich am Laptop. Heute lenkte ihn jedoch ab, dass am oberen Rand des Gesichtsfelds etwas glitzerte. Er schob den Kopf vor, um unter dem nicht ganz hochgezogenen Rollladen hinaufblicken zu können: Ein goldener Ballon in Form einer 2 hatte sich im kahlen Geäst verfangen. Der Wind bewegte ihn hin und her, es wirkte wie menschliche Gesten. Mal ein Winken, mal ein Verneinen.

Vor drei Jahren hatte der Mann, dessen Haar allmählich schütter wurde, das gleißend helle Geschäft im Osten der Stadt betreten, das auf solche Dekoartikel spezialisiert war. Auf einem Zettel hatte er genau aufgelistet, was er brauchte. Als er ihn der Verkäuferin mit dem perfekten Make-up und dem Namensschild Betty vorlesen wollte, sagte sie lächelnd: »Gib ruhig her, ich finde schon das Richtige für dich.« An der Gasflasche hinterm Ladentisch wurde ein Ballon nach dem anderen befüllt. Alles in allem eine kostspielige Angelegenheit. Betty hielt ihm noch die Tür auf: »Na dann alles Gute!« Beim Versuch, den schwerelosen Strauß in den Kofferraum zu drängen, stießen die Volumen aneinander, sanft, aber ausreichend, um sie wieder hinauszutreiben. Vielleicht hätte er, statt die Heckklappe heftiger als gewollt zuzuwerfen, das Vorzeichen sehen sollen.

Diese 2 wird ihren Auftritt auch nicht allein gehabt haben, dachte er. Das hätte der Geburtstag eines Kleinkinds gewesen sein müssen, und golden war nicht die Farbe dafür. Nein, das war die entschlüpfte Ziffer eines Datums. Eine Hochzeitsdekoration vermutlich. Der Dezember war kein Heiratsmonat, aber es gab ja Gründe, wieso es noch im alten Jahr geschehen musste, steuerliche oder so.

Georg schlief stets bei offenem Fenster. Er konnte nur wegtauchen, wenn seine Lunge auf ein unerschöpfliches Reservoir an Sauerstoff zugreifen konnte. Gestern Nacht hatte es ihn darum ziemlich gestört, dass der Raum zwischen den kubischen Gebäuden noch lange nach 22 Uhr von Musik, Reden und Lachen erfüllt gewesen war. Er hatte nicht genau bestimmen können, woher es kam. Aus Nummer 17 oder 19. Frau Schimmelpfennig wüsste Näheres. »Ach, wissen Sie das nicht?«, würde sie sagen, »die Frau Soundso hat doch geheiratet. Den Denundden.« Wenn einer den Müll schlampig trennte, wurde Frau Schimmelpfennig fuchsig, aber wenn die halbe Nacht Lärm gemacht wurde, sagte sie nur: »Dann kommt hier mal ein bisschen Leben rein. Das tut den Alten ganz gut.«

Viele sah man in der Wohnanlage gar nicht, Frau Schimmelpfennig hingegen ständig. In aller Frühe kehrte sie von einem Spaziergang zurück, und noch in dunkler Nacht verließ sie das Haus. Sie drehte ihre Runden wahrscheinlich vor allem, um Dinge zu überprüfen und ›zufällig‹ Nachbarn zu treffen. Das Treppenhaus war wie ein Resonanzkörper, und wenn Frau Schimmelpfennig mit irgendwem vor seiner Tür stand, was sie mit Vorliebe taten, dachte er jedes Mal, sie stünden ihm in der Wohnung. Lief er hin, lag die Tür ordentlich im Schloss. Man konnte kaum anders, als dahinter zu stehen und zu lauschen, man verstand ja jedes Wort. Es war ihm unangenehm und auch ein bisschen rücksichtslos.

Es war schwer zu schätzen, wie alt Frau Schimmelpfennig war. Sie hatte die Figur eines magersüchtigen Mädchens. Sie wurde immer weniger, aber ihre Stimme war dunkel und Respekt einflößend. Gerne brach sie in ein kollerndes Lachen aus. Immer, wenn Georg ihr begegnete, hatte er Angst, etwas falsch gemacht zu haben. Sie hatte früher im Vorzimmer des Chefs eines internationalen Unternehmens gesessen, wie er von Micky wusste. Micky wohnte im Erdgeschoss, war ein Stück jünger als er – wobei Georg trotz beginnender Glatze für jünger gehalten wurde – und hatte ihn vom ersten Tag an geduzt. Er nannte Frau Schimmelpfennig nur *die Generälin*. Georg hatte gegoogelt, ob es nicht *Generalin* hieß. Er hatte recht behalten. Doch gerade wegen des kleinen grammatischen Verstoßes gefiel ihm der Spitzname. Micky mochte er.

∗

Als er erwachte, war das Zimmer winterhell und er kurzzeitig verwirrt. Dann wusste Georg es wieder: Am Weihnachtstag hatte er sich gönnen wollen auszuschlafen. Er hatte ja heute nicht viel zu tun. Aber er hatte Kopfweh. Seltsames Zeug hatte er geträumt. Zu Fuß war's durch Deutschland gegangen, vom Süden bis nach Nordhessen. Schwalm-Eder-Kreis, das Wort war vorgekommen. Dabei war er dort noch nie gewesen. Vierhundert Kilometer war er im Traum gelaufen, doch dann war er nicht mehr vorangekommen. Er hatte ans Meer gewollt. Diese nervigen Neuansätze, typisch Traum. Ihm war es gewesen, als ob der Film immer wieder zurückgesprungen wäre, beim x-ten Versuch war er wach geworden. Georg stand auf und spürte, er war nicht mehr jung. Er tappte in die Küche, drückte eine Tablette aus dem Blisterstreifen, schluckte sie, trank nach.

Den Schreibtisch wollte er heute meiden. Auch ein Homeoffice musste Schließzeiten haben. Er hatte den Laptop gestern nicht nur ausgeschaltet, sondern zugeklappt, mit dieser Geste, die ›Jetzt wird geschlafen‹ bedeutete. Georg wippte mit dem Bürostuhl. Niemand sprach ihn an. Er widerstand dem Impuls, das Gerät zum Leben zu erwecken und zu sehen, was es ihm bescherte. Seinem Patenkind schenkte er ein Pop-up-Buch. Per Amazon mit Geschenkoption und garantiertem Liefertermin. Georg faszinierte, wie sich durch ausgeklügelte Schnitte und Faltung beim Öffnen solcher Bücher ganze Szenen aufrichteten. Wie von Zauberhand. Wie sie das austüftelten. Dass das funktionierte. Er hoffte, sein Patenkind wäre nicht zu klein für dieses Geschenk. Am Ende patschte es einmal drauf, und das fragile Wunder würde zerstört sein.

Pappkamerad, das Wort kam ihm, ein seltsames Wort. Patenkind und Pappkamerad. Pa Pa.

Der Ballon im Geäst verlor sein Gas. Mittlerweile war es unübersehbar. In der Mitte hatte er einen Knick, und von der Naht gingen lauter Runzeln aus. Wie hatte es überhaupt dazu kommen können, dass er sich hier verheddert hatte? Hätte er nicht – damals war er ja noch prall gewesen – immer höher aufsteigen müssen, nachdem er sich losgemacht hatte? Hätte er es nicht viel weiter schaffen müssen? Georg nervte, dass er gerade vor seinem Fenster hing. Besonders nervte ihn, dass ihn so schnell niemand entfernen würde. Früher hatte die Anlage einen Hausmeister gehabt, aber das war lange her. Der Letzte hatte sich zu Tode gesoffen, wenn man Frau Schimmelpfennig glaubte. Wie hatte es dieses Teil überhaupt bewerkstelligt, sich mit seiner Schnur am Ast zu vertäuen?

Er war gar nicht mehr sicher, dass es eine 2 war. Sah man nicht eine Steppnaht, die den Ballon teilte? Das konnte auch ein Fragezeichen sein!

Das Teil kommt runter, beschloss er. Und zwar gleich.

✳

»Schmücken Sie jetzt unseren Baum?«

»Guten Morgen, Frau Schimmelpfennig ... «

Beim Anblick der kleinen Frau wurde ihm plötzlich klar, wie lächerlich er wirken musste. Seine gespreizte Aluleiter sah neben dem Stamm wie ein Spielgerät für Kinder aus. Selbst wenn er sich auf die oberste Stufe stellen würde, käme er nie und nimmer an den Ballon. Wie hatte er das nur glauben können? Ganz oben durfte man sich auch gar nicht draufstellen. Als sie noch nicht im Homeoffice gewesen waren, hatte es einmal eine Sicherheitsunterweisung zum Thema Leitern und Tritte gegeben. Plötzlich ein Bild in seinem Kopf: Mit gebrochenem Bein lag er neben der umgestürzten Leiter, stöhnend. Wie würde Frau Schimmelpfennig reagieren? Würde sie einfach das Notwendige tun? Wären sie sich auf einmal nah?

Georg fragte sich, ob Eltern ihre Kinder eigentlich immer lächerlich fanden. Ob es nur ein großes Tabu war, das auszusprechen. Er hatte sich, soweit er sich erinnerte, eine Kindheit lang geschämt, ein Kind zu sein.

»Machen Sie nur weiter«, sagte Frau Schimmelpfennig in dem launigen Ton, in dem ein Kommandeur seinen Soldaten »Rührt euch!« befahl.

»Was wollen Sie denn reinhängen?« Das war nicht nur eine Frage, um das Gespräch am Laufen zu halten, sie schien tatsächlich interessiert.

»Ich... Äh...«

»Warten Sie, ich habe noch eine Kiste im Keller. Seit mein Mann tot ist, hat die keiner angerührt. Er hat immer den Baum aufgestellt und geschmückt. Er wollte mich überraschen.«

»Haben Sie eigentlich Kinder?« Oh, so direkt fragte er normalerweise nicht.

»Nein«, sagte sie und bewegte dabei den Kopf einmal hin und einmal her. »Die Natur wollte es nicht. Damals war noch nicht so viel möglich wie heute. Aber wenn ich denke, acht Milliarden Menschen, und immer mehr Länder werden überflutet. Überall müssen sie fliehen. Vielleicht ist es ganz gut, wenn nicht alle Linien fortgesetzt werden. Irgendwo muss auch ausgestorben werden«, sie lachte laut. Der vermooste Rasen leuchtete gelbgrün.

»Und Sie?«

»Ich?«

»Haben Sie ein Kind?«

Es schmeichelte Georg, dass man ihm zutraute, Vater zu sein. Zugleich ging er davon aus, dass man ihm seine Kinderlosigkeit deutlich ansah. Auf diese Idee konnte nur eine Greisin kommen. Er grinste verlegen. »Wo soll das denn wohnen?«

»Na, bei der Mutter.«

Er sah sie an.

»Ach, ich dachte, Sie wären geschieden.«

»Ich habe einmal einen Heiratsantrag gemacht«, hörte er sich sagen. »Mit solchen Ballons«, er zeigte hinauf ins Geäst. »Mit vierzehn Heliumballons.«

Frau Schimmelpfennigs Blick folgte seinem Finger und kehrte zu ihm zurück. Sie lächelte leicht. »Jaja, die Liebe«, sagte sie.

Auf einmal hatte Georg das Gefühl, die winzige Frau mit dem Gesicht eines uralten Frettchens wusste alles über die Liebe, was es nur darüber zu wissen gab. Sie und niemand anders könnte ihm den Schubs geben, der etwas in seinem Leben ins Rollen bringen würde. Ihrem Rat zu folgen wäre nicht unmännlich. Es wäre ein Auftrag. Eine Mission.

»Wollen Sie nun die Kiste oder nicht?«

»Gerne«, sagte er.

»Dann müssen Sie sie aber selbst hochtragen. Ich schließe Ihnen auf. Schön, dass hier was Buntes reinkommt. Der Winter ist trist genug.«

٭

In den Eichenhain zu gehen war ein typischer Weihnachtsspaziergang. Er war kein Wald, sondern eine alte Weide. Magerrasen überzog eine Anhöhe, aus der einzelne Baumriesen ragten. Zwischen ihnen hindurch ging der Blick übers Tal auf seine Ortschaft und auf die am Gegenhang, am Südhang, in der die Reichen wohnten. Jede Eiche hier war eine Persönlichkeit, viel mehr, als es zum Beispiel eine Buche wäre, aber warum? Weil die Äste wirkten, als hätte der Baum es sich ständig anders überlegt, wo er hinwachsen wollte. Ein bestimmt zweihundertjähriges Leben mit festem Standpunkt und dabei immer auf der Suche. Gepflanzt waren sie einst worden, damit Schweine die Eicheln fressen konnten und im Sommer Schatten bekamen. Mirjam hatte solche Sachen gewusst. Mit Mirjam war er regelmäßig rausgegangen.

Es dunkelte schon. Früher waren in den Häusern um diese Stunde die Kerzen entzündet worden. Heute leuchteten die Lichterketten und Lichternetze die ganze Zeit, es ging um Außenwirkung, wie bei Werbung. Trotzdem war es schön.

In Georgs Innerem befand sich kein Zimmer, in dem eine Kerze mit stiller Flamme hätte brennen können. Da gab es eine Art Brunnenschacht, dessen Dunkel einen Sog auf ihn ausübte. Andere Menschen, Frauen besonders, schien das Bodenlose abzuschrecken. Sie wollten eine klar gekammerte Herzwohnung, nicht zu klein und nicht zu groß. Sie wollten keine uralte Burg mit einem tiefen Schacht, die vielleicht längst eine Ruine war.

Da vorne war sie. Ehrlich gesagt hatte er darauf gesetzt, sie hier zu treffen. Sie stand an dem mobilen orangen Gatter, an dem er schon länger entlangstapfte. Auf der anderen Seite drängte sich eine Schafherde. Die kleine Frau mit der roten Wollmütze und der hellen, dünnen Jacke war vertieft in einen Dialog mit den Wolken auf Beinen, die die dunkelbraunen Köpfe allesamt in ihre Richtung streckten. Sie hielt ihnen etwas hin. Vielleicht war es auch nur ihre Hand. Man erkannte es auf die Entfernung nicht genau. Ein Schäfer war weit und breit nicht zu sehen.

»Guten Abend, Frau Schimmelpfennig.«

»Guten Abend, Herr Grieb.« Sie erkannte ihn ohne Seitenblick. »Sie sind auch kein Kirchgänger.«

Er wusste nichts zu sagen. Es war wahr.

»Auf dem Felde bei den Hürden«, sagte sie.

»Mä-äh«, sagte ein Schaf. »Mä-ä-äh!«, setzte ein anderes eins drauf. Sie waren eifersüchtig. Auf ihn. Sie wollten die alte Frau für sich allein haben.

War es nur bei Schafen so, dass ihr Laut dem Kinderwort glich? Kein Hund sagte wirklich Wau, Schafe aber sagten Mäh. Im Halbdunkel leuchteten die Wellen der Rücken seltsam gelblich.

»Müssten die nicht im Stall sein?«

»Hitze macht ihnen mehr aus als Kälte«, sagte Frau Schimmelpfennig. »Die sind hier die Gärtner. Nicht wahr? Ohne euch würde hier alles zuwachsen.«

Sie drehte die alten Worte einfach um. Eben die Weihnachtsgeschichte, jetzt die Redensart *den Bock zum Gärtner machen.* Eigentlich drehte sie sie gar nicht um. Sie nahm die Worte beim Wort. Vielleicht war Sinn, echter Sinn, immer etwas Überraschendes.

»Und Sie?«. Sie sah ihn an.

»Ich?«

»Bleiben Sie da?«

»Sie meinen, über Weihnachten?«

»Letztes Jahr sind Sie doch wegfahren.«

»Letztes Jahr lebte mein Vater noch.«

»Und Ihre Mutter?«

»Das ist eine lange Geschichte. – Und Sie, wo feiern Sie?«

»Ich bin doch immer da«, sagte Frau Schimmelpfennig.

Einen Augenblick lang die Idee: Sie könnten zusammen feiern. Was war das denn überhaupt, feiern? Als Kind war es übergroße, alles aufsprengende Freude gewesen. Als Erwachsener war es der Moment, wenn die Vorbereitungen abgeschlossen waren. Man nahm Platz und hob das Glas. »Frohe Weihnachten!«, das war's. Das war feiern. Erschöpfung, Leere. Er würde sich was kochen, nach Rezept, das waren immer mindestens zwei Portionen. Er aß dann zu schnell zu viel und hatte anschließend ein Völlegefühl. Für Frau Schimmelpfennig würde es locker reichen, alte Leute aßen ja wie die Spatzen und sie vermutlich noch weniger. Fror sie nicht in der dünnen Jacke?

*

Später am Abend hatte Georg eine weitere Idee. Er könnte mit Marc skypen, der sich auf der Schwäbischen Alb ein Haus gebaut hatte. Seine Ehefrau stammte von dort, und die Grundstückspreise waren erschwinglich, weil der Bus nur alle paar Stunden verkehrte. Sonnenbühl hieß der Ort. Aber eigentlich gab es keinen Ort, der so hieß, es war ein Kunstwort, die nur scheinbar alte, in Wirklichkeit aber bei einer Gemeindereform erfundene Sammelbezeichnung für vier Käffer, die zwischen Wiesen und Waldinseln verstreut lagen.

Georg hatte den Laptop schon aufgeklappt, aber dann versuchte er doch nicht eine Verbindung herzustellen. Familien hatten an Heiligabend Rituale, die würde er wahrscheinlich stören. Sein Patenkind musste ins Bett gebracht werden, und Marcs vielköpfige Schwiegerfamilie war sicherlich mit von der Partie. Sie gingen alle zusammen in die Kirche, das hatte Marc betont. Er hatte nicht nur geheiratet, er hatte eingeheiratet. Vielleicht hatte er diese Frau, die größer und gröber war als er selbst, überhaupt nur deshalb gewählt. An Marcs Stelle hätte Georg wohl genauso gehandelt. Diese Frau war keine Windsbraut, sie war geerdet. Liebe vergeht, Hektar besteht – auch so ein Spruch aus längst vergangenen Zeiten, der aber eine tiefe Wahrheit enthielt. Immer wenn Georg sie besuchte, lächelte ihm Marcs Frau aufmunternd zu und tat ihm reichlich auf. In die hätte ich mich auch verlieben können, dachte er, und plötzlich war ihm, als wäre die einzige wirklich passende Frau für ihn leider schon vergeben. Sein Freund war ihm zuvorgekommen und sozusagen schuld an seinem Alleinsein. Beim letzten Besuch auf der Alb hatte Georg Spannungen zwischen den jungen Eltern gespürt und bei sich gedacht, mit mir würde sie eine harmonischere Beziehung führen … Aber er sollte keine Luftschlösser bauen. Heute durften sich, das stand fest, Singles Familien nicht aufdrängen. Georg wollte auch nicht wie einer wirken, der kurz davor stand, vom Dach zu springen.

Auf einmal stieg ihm der Geruch von Verbranntem in die Nase. O Gott, der Auflauf! Er eilte in die Küche, doch es war zu spät: Was er mit den übergroßen Handschuhen aus dem Backofen zog, war schwarz und qualmte. Zu allem Überfluss begann, da er die Tür nicht geschlossen hatte, auch noch der Rauchmelder im Flur wie verrückt zu piepen. Wo war die verdammte Leiter? Natürlich, die hatte er mitsamt der leeren Christbaumschmuckkiste in Frau Schimmelpfennigs Keller gestellt. Damit für den Tag des Wiederabhängens alles beieinander wäre. Erst der zweite Stuhl schien Georg stabil genug, um draufzusteigen. Er drückte auf die Dose ein. Aber das durchdringende Piepen wollte nicht enden. Der einzige Erfolg war, dass das rote Licht noch hektischer blinkte. Wie in Hollywood-Filmen, in den letzten Sekunden eines Countdowns. Er drehte den Rauchmelder heraus, eine Plastiknase brach ab. Er drehte ihn um, hebelte die Batterie heraus, riss den Anschluss ab. Die Batterie entglitt ihm und schlug hart am Boden auf. Reflexartig hatte er sie noch fangen wollen, fast verlor er das Gleichgewicht. Vorsichtig richtete er sich wieder auf. Jetzt war das weiße Ding in seiner Hand still.

In der Stille hörte er engelgleiche Töne. Deutlicher als sonst Frau Schimmelpfennigs Fernseher vernahm er ein Lied. Georg stand mit einem Mal ganz ruhig und gesammelt auf seinem Stuhl. Er hatte nicht das Gefühl, in der Wohnung über ihm wären die Lautsprecher weiter aufgedreht als für gewöhnlich. Nein, ihm war, als wäre die Decke dünner – gerade über seinem Kopf. Als gäbe es da eine Luke im Beton, die nur mit einem Brett verschlossen und zur Geheimhaltung tapeziert war – die er aber soeben durch Zufall entdeckt hatte und durch die er lauschend eintreten konnte in die festliche Sphäre der alten Frau. Eine einzelne Knabenstimme sang so innig, dass es ihm zu Herzen ging: *Ich steh an deiner Krippen hier, / o Jesu, du mein Leben …*

Drei Strophen lang. All die strahlenden Höhen: *Nimm hin, es ist … Herz, Seel …* Sie waren nicht so spitz wie aus dem Munde einer Sopranistin, sie waren metallisch rein. Ewig hätte Georg dem Knaben lauschen können, der so war wie er, tief drinnen, und der doch auch so war, wie er, Georg, nie gewesen war. Ein Engel, einfach ein Engel.

Nach dem andächtigen Solo übernahm ein mächtiger Chor in perfekter Mehrstimmigkeit. Georg war wieder draußen. Schnell stieg er vom Stuhl.

*

Er hatte Glück: Der Dönermann hatte geöffnet. Außer ihm war kein Gast oder Kunde im Imbiss. Der Dönermann selbst wartete nicht hinter der Theke, aber seine rechte Hand. Georg hielt ihn für den Bruder. Während der Dönermann dick war, war der Bruder trainiert. Aus dem Ausschnitt des fleckigen, die Muskeln umspannenden T-Shirts quoll dichtes Brusthaar. Der Vollbart war sauber getrimmt, das Haupthaar perfekt zurückgegelt. Ein typischer sehr männlicher Südländer. Dessen Behaarung allerdings nicht tintenschwarz war, sondern braun mit einem Stich ins Rötliche.

Georg bestellte ein Yufka mit allem und beiden Saucen zum Mitnehmen. Beim Belegen des Fladens fragte der Bruder trotzdem nach, ob er beide Saucen wolle. »Ja, beide Saucen«, bestätigte Georg. »Mitnehmen?«, fragte der Bruder. »Ja, Mitnehmen«, sagte Georg. Dann erst fiel ihm ein, er hätte sich zur Feier des Tages auch an einen der Tische setzen können, auf die mit rotem Kunstleder überzogene Bank, die an die Diner in amerikanischen Filmen erinnerte. Georg hatte mittlerweile großen Hunger. Dennoch war es besser, die Beute erst heimzutragen in seinen Bau. Biss man vom dicken Yufka ab, fielen unvermeidlich Fleischfetzen und Salat heraus, und wenn man sie vom Plastiktablett aufsammelte, verschmierte man sich die Finger. Zu Hause würde er die leckere Rolle quer über einen der vom Vater geerbten Porzellanteller legen, von Rand zu Rand, und sie mit Messer und Gabel in mundgerechte Bissen zerteilen. Das versprach höheren Genuss.

*

Gerade als er den leeren Teller zurückschob, den Mund abtupfte und das Weinglas zum finalen Schluck hob – das Gläserset und die Kiste Riesling Kabinett waren gleichfalls Erbstücke –, fing der Knabe wieder mit seinem Lied an. Im Wohnzimmer hörte Georg es gedämpfter als draußen im Flur, was seltsam war, denn beim Fernseher war es umgekehrt. Hatte Frau Schimmelpfennig den CD-Player in den Flur gestellt? Aber warum? Wie auch immer, er bekam eine Idee, wieso der Alten gerade dieses Stück so viel bedeutete. »Damals war noch nicht so viel möglich wie heute«, hatte sie vormittags gesagt. Dachte sie bei diesem Lied an das Kind, das sie sich immer gewünscht hatte? Oder – hatte sie sogar eines gehabt, und es war früh gestorben? *Ich lag in tiefster Todesnacht*, sang der ernste Knabe. Auf einmal wünschte sich Georg, er wäre der Sohn der Generälin. Er hätte eine Mutter, die ihren Mann stand und nicht voller morastiger Ängste war wie die eigene. Mit der hatte er nach der Scheidung viel zu lange ein Zweiergespann gebildet, in dem sie sich gegenseitig hatten halten müssen. Zwei

klammernde Efeus ohne Stamm. Bis er sich gewaltsam losgerissen hatte.

Etwas Unerwartetes passierte. Vorhin, als er auf dem
Stuhl gestanden hatte, war auf das Solo ein Chorstück
gefolgt, wie es eben war, wenn man eine Weihnachts-CD
laufen ließ. Nun aber fing der Knabe, am Ende der dritten
Strophe angekommen, wieder von vorne an: *Ich steh an
deiner Krippen hier.* Und das geschah nicht nur einmal. Das
Lied bildete eine Endlosschleife. Man war darin gefangen.
Es war unheimlich.

Georg öffnete die Wohnungstür, und ohne das Licht an-
zuschalten, trat er hinaus ins Treppenhaus. Auch hier hörte
man das Lied, wenn auch etwas leiser. Im Dunkeln stieg er
die Treppe hoch, bis er vor Frau Schimmelpfennigs Sicher-
heitstür stand. Er legte das Ohr dagegen. Laut sang der
Knabe drinnen, eine knisternde alte Aufnahme. Alles, was
man vielleicht hätte hören können, wurde übertönt. Georg
wusste nicht, was tun.

Plötzlich lag eine Hand auf seiner Schulter. Erschrocken
drehte er den Kopf. Es war Micky, er erkannte ihn im Dunkel. Das Laternenlicht, das hereinfiel, reichte aus. »Hast
du schon geklingelt?«, fragte Micky. Georg schüttelte den
Kopf. Micky bollerte dreimal gegen die Tür, um gleich darauf das Licht anzuknipsen: »Wenn sie uns nicht durch den
Spion sieht, macht sie nicht auf.« Frau Schimmelpfennig
machte aber auch so nicht auf, Georg hatte nichts anderes
erwartet. »Ja und jetzt?«

»Jetzt holen wir den Schlüssel.«

»Hast du einen?«

»Sie auch von mir.«

»Ja, sie hat so ziemlich alle, vom ganzen Haus. Aber ich dachte, ihren rückt sie nicht raus.«

Als Micky aufgeschlossen hatte – zweimal hatte er den Schlüssel im Schloss drehen müssen – und die Tür aufschob, blickten sie in einen dunklen Flur. Seitlich fiel ein Schein über den gemusterten Läufer, wohl aus dem Wohnzimmer. Die Wohnung war ja genauso geschnitten wie Georgs. Er hätte, ohne Licht zu machen, hineingehen können, doch Micky drückte auf den Schalter. Gleich fiel ihnen der Plattenspieler ins Auge. Er stand auf einem Tischchen mitten im Flur. Der junge Mann hob den Tonarm von der sich drehenden Platte – es war still.

»Generälin!«, rief Micky. Nun lag Angst in seiner Stimme. »Wir sind's, Generälin!«

»Komm«, sagte er heiser. Sie schoben sich an dem Tischchen vorbei. Die Wohnzimmertür stand halb offen. Frau Schimmelpfennig saß im Fernsehsessel, neben ihr ein Wasserglas und eine Tablettenschachtel mit ausgedrückten Blisterstreifen. Ihr Kopf lag im Polster, zur Seite gedreht, den Mund offen.

※

Als sie auf Polizei und Krankenwagen warteten, sagte Georg: »Wie hat sie das nur gemacht?«

»Was?«

»Dass der Tonarm immer genau an der richtigen Stelle zurückgesprungen ist. Genau an den Anfang des Lieds.«

Micky blickte ihn an. »Mit Plattenspielern kenn ich mich nicht aus.«

»Ich auch nicht. Aber das ist höhere Kunst, das kann ich dir sagen.«

Sie schwiegen. Micky wirkte sehr betroffen. Georg fühlte sich seltsam angeregt. Ihm kam in den Kopf, dass die alte Frau am selben Vormittag gesagt hatte: »Es muss auch wo ausgestorben werden.« Und dann hatte sie gelacht. Hatte sie ihm eine Andeutung machen wollen? Gerade ihm, obwohl er ihr, wahrscheinlich als Einziger in Nummer 11, seinen Schlüssel nicht anvertraut hatte. Plötzlich ergab sich eine Kombination, die er für sich das Wortpaar des Tages nannte: einheiraten und aussterben. Georg musste leicht grinsen, natürlich in einem Winkel, dass Micky es nicht sah.

»Am Ende denken die, da hat jemand anders seine Hände im Spiel gehabt«, sagte Micky.

»Wir sind gemeinsam reingekommen.«

»Ich hab den Schlüssel«, sagte Micky tonlos.

»Wir haben zusammen gefeiert«, bestimmte Georg ohne Zögern. »Du warst den ganzen Abend bei mir. Wir haben uns einen Auflauf machen wollen, aber dann haben wir uns so gut unterhalten, dass wir ihn vergessen haben und er verbrannt ist. Dann haben wir ein Yufka geholt.«

»Eines, für zwei?«

»Kennst du die vom Dönermann in der Alten Dorfstraße? Die sind die größten weit und breit. In der Stadtmitte kriegst du viel weniger für dein Geld.«

»Aber du warst alleine dort.«

»Wir haben einen Spaziergang gemacht. Wir wollten in die weihnachtlichen Fenster sehen. Du bist nur kurz draußen geblieben.«

Eine kleine Pause entstand.

»Und was sagen wir, warum wir zusammen gefeiert haben?«

»Weil wir Freunde sind«, sagte Georg.

In der erfundenen Geschichte fiel es ihm auf einmal leicht, so etwas auszusprechen. Eine unvermutete Nähe zwischen ihnen schien möglich. Ihm war es, als ob die Generälin Micky und ihn zusammengeführt hatte. Generalstabsmäßig geplant. Der Ältere fühlte sich nicht mehr leer, ihm war, als wäre etwas wie Magma in ihm, etwas Glühendes, das sich verströmen wollte. Wenn sie nur fest zusammenhielten, konnte er jede Angst des Jüngeren bannen.

Dieser Moment verband sie drei in einer Weise, die ihnen niemand mehr nehmen konnte. Wie gut, dass er Frau Schimmelpfennig ihren letzten Wunsch erfüllt hatte. Ihr Weihnachtsschmuck hing vollzählig an den unteren Ästen des Baums vor dem Haus. Wie angetreten zum letzten Gruß. Jeder Polizist konnte es sehen. Er, Georg, war dem Ehemann würdig nachgefolgt.

Und sie ... Konnte das sein? Hatte *sie* ihm den goldenen Ballon vors Fenster gehängt? Er war oberhalb davon befestigt, eigentlich auf ihrer Höhe. Georg lief jetzt nicht hinaus, um nachzusehen, aber er glaubte, dass die Generälin, so klein sie war, von ihrem Küchenbalkon aus an den Ast hatte reichen können. Sie hatte ihm einen Wink geben wollen. Einen Anstoß. Sie hatte Fantasien für ihn gehabt. Sie hatte keine Angst gehabt. Auch nicht vor dem Tod. Georg war es, als hätte sie ihm ihre glitzernde Haut hinterlassen.

Gerne hätte er den Arm um Micky gelegt, doch beließ er es dabei, die Schulter des Jüngeren zu fassen und ein wenig daran zu rütteln. »He, alles wird gut«, sagte er.

JAKOB ARJOUNI

Im Tal des Todes

Horst trat in die Tür und verschränkte die Arme. Wirres Haar hing ihm in die Stirn, und seine fiebrigen Augen blitzten gefährlich. Aus der Tiefe seines Brustkorbs tönte ein warnendes Knurren. So stand er da, wie ein von Gott gesandter Rächer, und die Soldaten krümmten sich unter seinem Blick wie junge Pflaumenbäume im scharfen Adria-wind.

»Ihr geht nicht!« schmetterte Horst ihnen entgegen. »Nur über meine Leiche!«

Doch da hatte er die Rechnung ohne den Oberst ge-macht. Erst hörte er nur die schweren, harten Schritte, die sich vom anderen Ende der Baracke näherten, dann teilte sich die Gruppe der Soldaten, und der Oberst trat mit einer Zigarette zwischen den Fingern vor Horst hin. Er nahm einen letzten Zug, ehe er die Zigarette zu Boden fallen ließ und sie mit einem dünnen, verächtlichen Lächeln austrat. Erst dann sah er Horst in die Augen.

»Du willst deine Kameraden also daran hindern, ihre Pflicht zu erfüllen?« Trotz seiner mächtigen Statur besaß der Oberst eine hohe, weibische Stimme, die einige Komi-ker unter den Soldaten immer wieder zum Anlaß nahmen, um ihre Scherze zu machen.

»Ich will sie daran hindern, ein Verbrechen zu begehen.«

»Ein Partisanenlager auszuräuchern nennst du ein Ver-
brechen?«

»Es sind keine Partisanen, sondern einfache Bauern.«

»So?« Die Hand des Obersts ging zu seiner Pistolenta-
sche. Ohne Horst aus den Augen zu lassen, öffnete er den
Knopf und zog die Pistole heraus. »Weil Partisanen es wo-
möglich nicht erlauben würden, dass eine von ihnen einen
deutschen Soldaten fickt?! Ist das der Beweis?!«

Horst hätte den Oberst am liebsten mit bloßen Händen
erwürgt. Es durfte nicht sein, dass jemand so von Oksana
sprach.

»Sie können mich erschießen, aber so reden können Sie
nicht!«

Der Oberst ließ ein Lachen ertönen, das so hoch und wei-
bisch war wie seine Stimme. »Und wer, bitte schön, sollte
mich daran hindern?«

»Vielleicht nicht heute, vielleicht nicht morgen, aber ir-
gendwann würde ich Sie zerquetschen wie einen Wurm.«

Der Oberst wandte sich grinsend den Soldaten zu seiner
Rechten und Linken zu. »Wegen einer Partisanenhure! Weil
er eine jugoslawische Nutte fickt!«

Im selben Moment sprang Horst auf ihn zu, doch der
Oberst hatte nur darauf gewartet. »Hier, du Schwein!«
schrie er und schoß Horst in die Beine.

Peter Ohio – so sein Pseudonym, mit bürgerlichem Namen
hieß er Rudolf Kratzer – schnippte die zwei Seiten auf den
Schreibtisch und lehnte sich im Stuhl zurück. »Ein Scheiß«,
sagte er laut zu sich selbst. Zum wievielten Mal hatte er
die Szene jetzt geschrieben? Und immer wieder mißlang

sie ihm. Pflaum*enbäume im scharfen Adriawind* – das war doch Quatsch! Und dabei lief der Roman bis dahin, wie er fand, ziemlich gut. Die Ankunft in Serbien, die ersten Einsätze, das Treffen am Brunnen mit Oksana, die heimlichen Rendezvous, der beginnende innere Konflikt, erste Auflehnung gegen die Dienstvorschriften, das erste Mal mit Oksana, gleich danach das Zerreißen des Hitler-Bildes – eigentlich toll, aber dann auf einmal wieder: *Der schwarze Colonel im Tal des Todes.*

1954 hatte Rudolf Kratzer seinen ersten Roman, *Der schwarze Colonel gibt nicht auf,* an verschiedene Verlage geschickt. Einer antwortete und empfahl ihm, sich bei einem Kioskheftchenproduzenten zu bewerben. Nach einigem Hadern – denn Kratzer hielt seinen mit den Mitteln des Westerns erzählten Roman für eine große und aktuelle Metapher für den Überlebenswillen der Menschen, also eigentlich ein Buch für seriöse Verlage – überwand er sich schließlich und schickte das Manuskript an die Edition Giselle. Eine Woche später wurde er zu einem Gespräch in die Verlagsräume am Innsbrucker Platz gebeten. Am Ende des Treffens hatte ihn der Cheflektor zu einem Pseudonym und einem Vertrag überredet, der Kratzer für die nächsten zwei Jahre verpflichtete, einen *Colonel*-Roman pro Monat abzuliefern. Darin möglichst viel spannende Handlung und möglichst wenig Metaphern. Nach Ablauf der zwei Jahre und einem unerwartet großen Erfolg der *Colonel*-Serie verhandelte Kratzer neu. Er erhielt mehr Geld, mehr Freiheiten in der Gestaltung der Geschichten, mehr Zeit und die Möglichkeit, eine zweite Serie zu schreiben. Das wurden dann die berühmten *Alabama-Snake*-Romane. Und so vergingen die Jahre. Gleichbleibender Erfolg, ein gutes, regelmäßiges Gehalt, einmal eine Besprechung seines Werks in einer seriösen Wochenzeitung unter der Überschrift: *Wahre Männer am Kiosk für fünfundsiebzig Pfennig*, Eigentumswohnung in Charlottenburg, zwei Hochzeiten, eine Scheidung, zwei Kinder, drei Stammrestaurants, Ferien am Bodensee, zwei USA-Reisen, Mitglied beim American-Country-Club, die Magisterarbeit eines Germanisten über Westdeutsche Trivialliteratur mit besonderer Berücksichtigung der Romane von Peter Ohio, Tod der zweiten Frau, zwei Freundinnen, für *Der schwarze Colonel im Tal des Todes* zum siebenundzwanzigsten Mal von den Edition-Giselle-Lesern zum Autor des Monats gewählt, zwei Herzinfarkte, Impotenz. Die Ärzte sagten zwar, er habe noch viele Jahre vor sich, aber er war achtundsiebzig und nicht völlig blöd. Es ging zu Ende, da konnten die Ärzte noch soviel erzählen. Also mußte er die Geschichte, die ihn fast sechzig Jahre lang immer wieder beschäftigt hatte, endlich aufschreiben. Denn mit Oksana, so glaubte er, wäre er glücklich geworden. Außerdem war es seine letzte Chance, aus Peter Ohio doch noch einen in der Literaturwelt anerkannten Namen zu machen.

Ohio stand vom Schreibtisch auf und ging leicht hinkend durch den Flur an vier Zimmern vorbei zur Küche, um sich einen Tee zu kochen. Die Wohnung kam ihm von Tag zu Tag stiller und leerer vor. Tatsächlich war sie voll mit Möbeln, die zum Teil noch von seinen Großeltern stammten, und einer Pop-art-Plakatesammlung. Die teuer gerahmten

Warhols und Lichtensteins standen alle gegen Regale und Wände gelehnt am Boden. So hatte er es mal in einem Dokumentarfilm über Picasso gesehen: überall Bilder im Haus, aber kein einziges aufgehängt. Irgendwann in den Siebzigern war es mit dem Plakatesammeln losgegangen. Damals hatte Ohio für eine Weile gehofft, mit dem neu aufkommenden Interesse einiger Verlage und Zeitungen für amerikanische Kriminal- und sogenannte Schundliteratur endlich auch einen Platz am Tisch der Für-voll-Genommenen zu erhalten. Und weil die an dieser Art Literatur Interessierten meistens jung und modern waren, fing er, trotz seiner über fünfzig Jahre, noch mal an, sich einen neuen Lebensstil draufzuschaffen. Anstatt Was-gerade-im-Radio-lief, Bier und naiver Malerei vom Bodensee plötzlich französische Chansons, Jazz, Weißwein und Popart. Einen Sommer lang ging er immer wieder zu Lesungen junger, langhaariger Autoren, besuchte Ausstellungen in feuchten Kellern, bei denen Flaschenbier getrunken und New Yorker Bands gehört wurden, und die Abende verbrachte er in Charlottenburger Studenten- und Künstlerkneipen. Drei Tage hatte er eine Affäre mit einer Amerikanistik-Studentin, bis er ihr einen Roman von sich gab. Sie las ihn zur Hälfte, warf Ohio vor, seine Indianer seien rassistische Klischees, und setzte ihn vor die Tür. Auch sonst hielten die Bekanntschaften dieses Sommers nie länger als drei Tage. Mal eine Thekendiskussion bis morgens um acht über vergleichbare Erzählstrukturen in Romanen und Kinofilmen, mal ein Nachmittag am See mit einer Gruppe vollgekiffter Kunstakademiestudenten, die ihn alle halbe Stunde zum Kiosk schickten, um Schokoriegel und saure Stäbchen zu besorgen, und einmal die Einladung zu einer privaten Pornofilmvorführung, bei der er sich zuerst anscheinend im Gegensatz zu allen anderen schämte und dann wieder anscheinend im Gegensatz zu allen anderen geil wurde – jedenfalls tranken nach der Vorführung alle Tee und sprachen über den Unterschied zwischen Sex und Erotik. Ohio konnte machen, was er wollte: neugierig sein, interessiert, ernsthaft, ironisch, sich besaufen, nüchtern bleiben, prahlen, Reden schwingen, zuhören, die Leute mit seinem Cadillac durch die Berliner Nacht kutschieren, Lokalrunden spendieren, Bilder junger Maler kaufen, die seine Frau sofort in den Keller brachte, Gedichte loben, von denen er nur verstand, dass sie sich offenbar nicht reimen durften, Filme sehen, in denen junge Leute auf Sofas saßen, aus Fenstern guckten und halbnackt frühstückten, und immer wieder neue Musikgruppen notieren, deren Platten er sich kaufte und nachmittags leise anhörte, um abends mitreden zu können – am Ende des Sommers war er immer noch der komische Alte mit den Cowboystiefeln und dem Jeansanzug, der irgendwelchen Wildwestunsinn schrieb.

Er stellte den Topf auf den Herd, nahm einen Teebeutel aus der Packung, hängte ihn in die Tasse und wartete, bis das Wasser kochte. Still war es eigentlich auch nicht. Vom Stockwerk unter ihm dröhnte tagein, tagaus irgendeine moderne Musik herauf, und über ihm wurde seit drei Wochen renoviert. Trotzdem: eine leere, stille Wohnung. Seit Marita, seine letzte Freundin, aus Berlin weggezogen war, hatte er in vier Jahren genau neun Besuche erhalten. Viermal, immer an Weihnachten, seine ebenfalls verwitwete Schwester, die ihn haßte, seitdem er ihren Mann, einen Polizisten, in dem hoffnungsvollen Siebziger-Jahre-Sommer als Nazi und Spießer beschimpft hatte (was ihm eigentlich nur wegen der Amerikanistik-Studentin passiert war, um sich ihr, zwei Wochen nach dem Rausschmiß und ohne sie wiedergesehen zu haben, noch mal nahe zu fühlen). Zweimal sein Sohn, der als Abteilungsleiter bei Karstadt arbeitete, nebenbei an der Börse spekulierte und während der Besuche nur auf dem Sofa gesessen und im Fernsehen die Aktienkurse verfolgt hatte. Einmal seine Tochter mit dem neuen, seit ihrer Scheidung etwa fünften Freund, dessen Eltern aus der Türkei eingewandert waren und der dauernd Witze über Türken riß, was Peter Ohio erst irritierte, dann auf die Nerven ging. Und schließlich zweimal der einunddreißig Jahre alte Konzeptmanager der Edition Giselle. Er wollte ihn dazu überreden, seinen Namen für eine neue, von einem jungen Team geschriebene Serie herzugeben. Die Hauptfigur war eine Art Greenpeace-James-Bond, der sich im Laufe der ersten zwölf Folgen als verleugneter und ausgesetzter Sohn eines arabischen Königshauses entpuppte. Als Kind von einer alten, einsamen Christin großgezogen, hatte er in seiner Heimat so viele Unfälle an Ölbohrstellen und Pipelines miterlebt, dass er sich mit zwanzig entschloß, die Erde zu retten. Dabei wußte er einen guten Champagner zu schätzen und blieb bis auf weiteres ledig, denn: Er brach Herzen, aber niemals ein Versprechen vor Gott.

»Das ist doch Quatsch«, sagte Ohio. »Wer liest denn so was heutzutage noch?«

»Aber Peter!« Der Konzeptmanager schaffte es, ihn gleichzeitig bewundernd und sehr überlegen anzulächeln. »*Du* magst dich verändert haben, die Welt hat es aber nicht.

Die Leute wollen so was nach wie vor. Komm, gib dir einen Stoß, du kriegst ein Viertel Prozent, und was hast du schon zu verlieren?«

Meinen Namen, hätte Ohio fast geantwortet, ehe er noch rechtzeitig die Falle erkannte. »Wahrscheinlich verstehst du das nicht, trotzdem: Ich habe vierzig Jahre lang dieses Zeug geschrieben, und eigentlich gibt es keine realistische Möglichkeit, dass der Name Ohio noch mal mit etwas anderem verbunden wird als mit Cowboy-Abenteuern, aber er war nun mal über vierzig Jahre mein Künstlername, und ich will mit ihm wenigstens einmal ein richtiges Buch schreiben.«

»Aber das ist doch völlig klar. Ich hab von Anfang an gesagt: Peter Ohio hat mehr auf dem Kasten als die *Colonel*-Romane, von dem erleben wir noch eine tolle Überraschung. Ich hab dich inhaltlich immer auf einer Ebene mit Grass und Walser gesehen, und wenn du erst mal von den formalen Zwängen des Westerngenres befreit bist ...« Tatsächlich hatte der Konzeptmanager das so ungefähr in dem Feuilletonartikel eines afrikanischen Schriftstellers über die deutsche Literatur gelesen: Nähme man Leuten wie Grünbein und Walser sämtliche Posen und Fremdwörter weg und gäbe ihnen statt dessen einen vernünftigen Satzbau, sähen vielleicht jene deutschen Literaturkritiker, deren Gehirne von Lachskanapees und Weißwein noch nicht vollständig zu Fettlebern umgebaut worden seien, was für ein gedanklicher Kitsch und Schund da produziert werde. Nun, von einem Grünbein hatte der Konzeptmanager noch nie gehört, aber Grass kam in dem Text an anderer Stelle ebenso unvorteilhaft vor. Eine Volontärin war mit dem Artikel und der Idee zu ihm gekommen, daraus eine Werbung zu machen. Zitat und dann etwa: Sparen Sie sich das Nachschlagen im Wörterbuch – lesen Sie gleich Edition Giselle. War natürlich undenkbar.

»… Aber warum schreibst du dieses neue, ganz andere Buch nicht einfach unter deinem richtigen Namen und läßt uns den Ohio?«

»Wie gesagt, es ist mein Künstlername, und es gibt einige *Colonel-* und auch *Alabama-Snake-Romane,* die nicht so schlecht sind, und, wer weiß, vielleicht werden die im Zusammenhang mit dem neuen Buch noch mal genauer gelesen. Jedenfalls gehört das alles zu meinem Werk.«

»Völlig klar, dein Werk. Versteh ich gut. Aber vielleicht solltest du noch mal darüber nachdenken, ob der Name Ohio dem neuen – viel ernsthafteren, literarischeren – Buch nicht womöglich sogar schaden könnte? Ich meine, du kennst die Oberflächlichkeit des Betriebs, da passiert es leicht mal, dass die tonangebenden Leute einfach sagen: Ach, der Cowboy-Ohio, das kann ja nichts sein.«

»Ich glaube nicht, dass die tonangebenden Leute jemals von Peter Ohio gehört haben. Und wenn meine Vorgeschichte irgendwann rauskommt, dann bin ich vielleicht sogar froh.«

»Vorgeschichte … Dabei fällt mir noch was ganz anderes ein: Du hast doch demnächst Geburtstag? Achtundachtzigsten, neunundachtzigsten?«

»Neunundsiebzigsten.«

»Oh, ’tschuldigung. Aber mein Kopf und Zahlen … Jedenfalls haben wir uns überlegt, zu diesem Anlaß einen Colonel-Sondersammelband rauszubringen. Allerdings muß ich sagen: Wir dachten uns das im Zusammenhang mit dem Startschuß zur *Dschingis-Serie*.«

Dschingis auf den Spuren der Amazonas-Killer – allzu arabisch sollte das Ganze auch nicht klingen.

»Tja«, sagte Ohio, »dann eben nicht.«

»Aha. Klar. Aber vielleicht überlegst du's dir noch mal. Und denk auch mal daran, wie lange du und die Edition jetzt schon Zusammenarbeiten. Ist ja fast wie eine Ehe, und da läßt man sich doch nach so vielen Jahren nicht einfach gegenseitig hängen. Oder was meinst du?«

Ohio meinte, dass er jetzt müde sei. Eine Woche später kam der Konzeptmanager wieder, diesmal mit sämtlichen Verträgen und Abrechnungen. Nachdem Ohio sich erneut geweigert hatte, seinen Namen für die *Dschingis-Serie* herzugeben, rechnete ihm der Konzeptmanager vor, wie wenig von den *Colonel-* und Snake-Romanen in den letzten Jahren verkauft worden waren.

»Ich weiß, der gute Herr Rust hat dir damals wegen besonderer Verdienste um die Edition ein Festgehalt fürs Leben in den Vertrag geschrieben. Allerdings – und es ist mir wirklich unangenehm, das anzusprechen – natürlich nur, solange deine Hefte im Handel sind. Unser Anwalt – du kennst ihn, der Alex – hat das geprüft. Na ja, und die *Dschingis-Serie* wäre natürlich eine tolle Möglichkeit, die alten Sachen noch mal anzukurbeln. Ich will ja nicht übertreiben, aber die ersten Folgen, die ich gelesen habe – versteh das nicht falsch, aber ich glaube, die Leute werden sagen: Mensch, von dem muß ich unbedingt auch die anderen Serien lesen. Nutzen wir diese Möglichkeit aber nicht, tja dann … Also, ich kann mir keine *Colonel*-Roman-Käufer schnitzen.«

Peter Ohio zitterte vor Wut und Angst, als er vom Sofa aufstand und sagte: »Ich will aber nicht. Und jetzt geh bitte, ich muß arbeiten.«

Das war der letzte Besuch gewesen, und in drei Monaten, zu Weihnachten, kam vermutlich wieder seine Schwester.

Ohio goß das kochende Wasser über den Teebeutel. Wieso kriegte er die Szene mit dem Oberst nicht in den Griff? Inzwischen hatte er solche Angst zu scheitern, dass er beim Gedanken an die Szene einen trockenen Mund bekam. Und wenn er versuchte, einmal nur das Geschehen zu beschreiben, wie in einem Polizeibericht? Keine Vergleiche, keine Bilder, keine noch so kleinen Ausflüge, keine Ambitionen. Andererseits – wo blieb dann die Literatur? Die raffiniert gedrechselten Sätze, die den Leser mit der Zunge schnalzen ließen? Die Beobachtungen am Rande, die oft viel mehr erzählten als das Hauptgeschehen? Die Bilder, die einen Sachverhalt sinnlich erfahrbar machten? Zum Beispiel Marita, immerhin Leiterin des ökumenischen Kunstvereins Friedenau: Sie war immer ganz begeistert gewesen von seinen Vergleichen. *Ein Kerl wie eine über die Jahrhunderte verwitterte, aber immer noch gerade und aufrecht jeden Tag bestehende Säule der Akropolis. Oder: Das Mädchen hüpfte den Hügel hinab wie ein verliebtes Zicklein.*

»Das ist wirklich toll. Ich hab sofort ein Bild im Kopf. Woher hast du nur diese Ideen?«

Und auch seine philosophischen Ausflüge hatte sie bewundert. *Als er die Wüste schließlich vor sich sah, dachte der Colonel: So ist das Leben, aber vielleicht ist da irgendwo eine Oase und in der Oase ein Mädchen, und viel-*

leicht hat das Mädchen einen Platz für mich in ihrem Bett,
und diese Hoffnung wird mich den Durst und die Angst
vergessen lassen. Und voller Zuversicht ritt er los. Oder:
Snake spürte, wie sein Blut um ihn herum Bäche bildete,
und sah die gefesselte und geknebelte Fürstin Romanova
am anderen Ende der brennenden Hütte und dachte: Liebe
ist das einzige Mittel gegen die Angst vorm Tod. (Das war
zwar geklaut, und gleich aus mehreren Büchern, und eigentlich hieß es, Sex sei das Mittel, was aber für Edition-
Giselle-Leser weder ein zumutbares Wort noch ein zu-
mutbarer Inhalt war, und all das wußte Marita natürlich
nicht.)

»Manchmal denke ich, du bist wie so eine Art Geist-
licher. Wie du das Leben beschreibst, das ist einfach so …
Als würdest du von einem Berg hinabschauen wie Moses
und alles sehen, was die Menschen bewegt.«

Das mit Moses war ihm ein bißchen unangenehm gewesen, weil er das Gefühl gehabt hatte, sie wolle ihn imi-
tieren, aber grundsätzlich waren ihm Maritas Kommentare
natürlich runtergegangen wie Butter. Und würde sie etwa
keine Leserin seines neuen Romans sein? Und würde sie
auch so euphorisch reden, wenn der neue Roman einem
Polizeibericht ähnelte? Es ging nicht um Marita. Marita war zu ihrer Tochter nach Kanada gezogen, und sie
schrieben sich nur noch hin und wieder Postkarten. Aber
als Beispiel. Und das waren nicht die einzigen Kompli-
mente gewesen, die er im Laufe der Jahre für seinen Stil
bekommen hatte. Im Regal stand ein Karton voller Fan-
briefe. Allerdings mußte er zugeben, die meisten waren
von Hausfrauen oder Fünfzehnjährigen. Dann noch ein

paar Bundeswehrsoldaten, Nachtwächter, Bereitschafts-sanitäter, und – immerhin – ein gar nicht so kleiner Packen Gymnasiallehrer.

Ohio zog den Teebeutel aus der Tasse und warf ihn in den Mülleimer. Aber das hatte er ja nun über vierzig Jahre gehabt. Er wollte doch endlich in eine andere Liga, und dafür – er knallte den Mülleimerdeckel zu – mußten die Pflaumenbäume jetzt erst mal weg!

Zurück am Schreibtisch, warf er die zwei Seiten, ohne sie noch mal zu lesen, in den Papierkorb. Dann spannte er ein neues Blatt in die Maschine und begann: *Horst trat in die Tür und schmetterte den Soldaten entgegen: »Ihr geht nicht! Nur über meine Leiche!«*

Doch da kam der Oberst durch eine zweite Tür. »Du willst deine Kameraden also daran hindern, ihre Pflicht zu erfüllen?«

»Ich will sie daran hindern, ein Verbrechen zu begehen.« »Ein Partisanenlager auszuräuchern nennst du ein Ver-brechen?«

»Es sind keine Partisanen, sondern einfache Bauern.«

»So?« Die Hand des Obersts ging zu seiner Pistolenta-sche.

»Weil Partisanen es womöglich nicht erlauben würden, dass eine von ihnen einen deutschen Soldaten fickt?! Ist das der Beweis?!«

Horst hätte den Oberst am liebsten erwürgt. So durfte niemand von Oksana sprechen.

»Sie können mich erschießen, aber so reden dürfen Sie nicht!«

»Und wer, bitte schön, sollte mich daran hindern?«

»Vielleicht nicht heute, vielleicht nicht morgen, aber irgendwann würde ich Sie zerquetschen wie einen Wurm.«

Der Oberst grinste. »Wegen einer Partisanenhure! Weil du eine jugoslawische Nutte fickst!«

Im selben Moment sprang Horst auf ihn zu, doch der Oberst hatte nur darauf gewartet.

»Hier, du Schwein!«

Ohio lehnte sich zurück. Er schwitzte, und als er die Seite gleich darauf las, hatte er Herzklopfen. Das Ende gefiel ihm. Keine Schüsse, so würde der Leser bis zum nächsten Kapitel gespannt sein, was eigentlich passiert war. Aber der Rest … Auf seine Dialoge hatte er sich früher immer verlassen können, doch irgendwie paßten sie hier nicht. *Zerquetschen wie einen Wurm* – das war purer *Alabama-Snake.* Immerhin, ficken und Nutte, so was Authentisches hatte er noch nie geschrieben. So sprach man nun mal unter Soldaten. Oder nicht? Er war ja schon über fünfzig Jahre nicht mehr mit Soldaten zusammengewesen. Jedenfalls würde es wohl keiner bezweifeln. Und sonst? *Doch da kam der Oberst durch eine zweite Tür* – also, langweiliger hatte er wohl noch nie einen dramatischen Auftritt beschrieben. Dann konnte man diesen Satz auch noch weglassen. Und seine neue Leserschaft würde ja verstehen, dass, wenn der Oberst sprach, er auch gekommen sein mußte. Blieb Oksanas Unschuld. Um die sollte Horst ruhig ein bißchen mehr Wirbel machen. So wie er.

Ohio nahm einen Schluck Tee. Hätte er doch noch viel mehr Wirbel gemacht. Oder weniger? Warum hatte er sie nicht einfach gewarnt? Weil der Befehl zum ›Ausräuchern‹ so überraschend kam, natürlich, und trotzdem … Er hätte es ahnen können, es lag was in der Luft, keine Frage. Aber die Hoffnung, dass schon nichts passieren würde, war größer als sein Sinn für die Realität. Oksana … Sie hatten schon alles ganz genau besprochen: nach dem Krieg nach Amerika, Kalifornien, eigenes Haus, Kinder, Reisen, Erfolg. Schon damals hatte er erste Schreibversuche gemacht und sich vorgestellt, wie alles auf englisch noch viel besser klingen würde. Und Oksana wollte nur bei ihm sein. Nicht wie seine Ehefrauen später, die immer ›Selbstverwirklichung‹ und ›meine Rolle‹ und ›auch wer sein‹ forderten, und dann doch nur Spanischkurs und neue Sofakissen hinkriegten. Und bis zu seiner Impotenz hatte er auch intim regelmäßig an Oksana gedacht. Orgasmusschwierigkeiten waren für sie jedenfalls kein Thema gewesen. Wenn er sich da nur an seine zweite Frau erinnerte – das war der Nachteil an den Siebzigern, auf einmal gab es solche Gespräche, sogar beim Frühstück. Oksana dagegen: voller Spaß und so sinnlich, als hätte sie die Liebe erfunden. Hatte sie ja auch, zumindest für ihn.

Und *keine* Dialoge? Die ganze Szene nur als eine Art Albtraumsequenz? Im nachhinein, wenn alles schon passiert war? Horst auf seiner Pritsche im Wundfieberwahn, der Leser denkt, zum Glück nur Wahn, doch dann stellt sich heraus, es ist die Wahrheit? Vielleicht das einzige Kapitel in erster Person? Und nur indirekte Rede? *Ich trat in die Tür und schmetterte ihnen entgegen, dass sie nicht gehen würden … dass sie nicht gingen …*

Oder *nur* Dialoge. Wie ein Hörspiel. Der Seelenzustand der Beteiligten war durch die vorangegangenen Kapitel schließlich ausreichend klar. Aber gerade mit den Dialogen haperte es ja. Oder aus der Perspektive der Krankenschwester? *Wie er sich im Fieber wälzt, dachte sie. Und was redete er da? Er trete in die Tür und schmettere ihnen entgegen: Nur über seine Leiche …*

Ohio schüttelte den Kopf. Das war's alles nicht. Er mußte es grundsätzlicher angehen. Wenn diese zentrale Szene nicht funktionierte, war vielleicht der ganze Roman falsch aufgebaut. Dann stimmte es schon am Anfang nicht. Und dann würde es auch am Ende nicht hinhauen. Ohio schloß die Augen und versuchte, sich den Rhythmus des Romans wie eine unregelmäßige Kurve vorzustellen. Einführung der Hauptfigur, Beginn der Handlung, erst flacher, dann immer steilerer Anstieg zum Höhepunkt, Absturz, und zuletzt eine kurze, stille, weise Nachbetrachtung. So weit, so großartig, doch als Ohio die Augen öffnete und zum hundersten Mal anfing zu lesen, *Horst trat in die Tür*, hätte er sich am liebsten aus dem Fenster gestürzt.

Die Fee fand Ohio, wie er mit dem Kopf seitlich auf den Armen über dem Schreibtisch lag, die Augen geschlossen, mit den Lippen stumm irgendwelche Worte formend. Sie beugte sich vor.

»Hallo?«

Ohne sich zu bewegen, schlug Ohio die Augen auf und sah die Fee ungerührt an. Er hatte in Gedanken gerade hundertdreißig Seiten weggeschmissen und die ersten Sätze des völlig neu konzipierten Romans formuliert. Da konnte ihn ein unerwarteter Gast, wie auch immer er in die Wohnung gekommen sein mochte, nicht mehr schrecken.

»Wer sind Sie, und was wollen Sie?«

»Ich bin eine Fee und gekommen, Ihnen einen Wunsch zu erfüllen.«

Ohio setzte sich langsam auf und rieb sich die Stirn. »Sehr originell. Schickt Sie die Edition? Sollen Sie mir Geld bieten? Vergessen Sie's. Ich hab genug, und lange brauch ich's ohnehin nicht mehr. Wie sind Sie überhaupt hier reingekommen?«

»Durch die Tür.«

»Aha, offengelassen. In dem Kleid werden Sie sich erkälten.«

»Wir bekommen so was nicht.«

»Was? Eine ordentliche Jacke? Hat der Herr Konzeptmanager Kleiderzwang eingeführt? Müssen die Damen bei ihm jetzt halb nackt rumlaufen?«

»Erkältungen. Wir Feen bekommen keine Erkältungen. Ich bin wirklich eine Fee, und Ihre Tür war verschlossen …«

Die Fee wartete ab, bis sich endlich doch Erstaunen in Ohios Miene abzeichnete, dann begann sie zu erklären. Nachdem sie mit dem üblichen »Folgende Bereiche sind allerdings ausgeschlossen: Unsterblichkeit, Gesundheit, Geld, Liebe« geendet hatte, betrachtete Ohio sie eine Weile stumm. Die Fee dachte natürlich, das sei ein Ausdruck von Überraschung. Tatsächlich überlegte Ohio, ob er seine Geschichte vielleicht erzählen könnte, indem er eine Fee einführte.

»Und jetzt?«

»Jetzt sagen Sie mir Ihren Wunsch.«

Ohio kam das Ganze angesichts seines Romanproblems ziemlich albern vor, aber vielleicht, so dachte er, ließe sich da ja was verbinden. »Und wenn ich mir wünschte, einmal einen wirklich großartigen, allgemein anerkannten Roman zu schreiben?«

Ohio schaute erst ein bißchen spöttisch, so in der Art: Jetzt wollen wir mal sehen. Doch je länger die Fee nicht antwortete, desto ernster nahm er die Situation und begann, unruhig an seiner Teetasse herumzufingern.

Die Fee hatte wenig Ahnung von Büchern, aber sie war früher gerne zu Konzerten gegangen, und soweit sie sich erinnerte, war das mit dem Großartigen und gleichzeitig allgemein Anerkannten so eine Sache. Musik, bei der sie glaubte, noch nie hätte ihr jemand so tief ins Herz gefunkt, war für die Freundin neben ihr nur Anlaß, mal wieder irgendeinen besonders gelangweilt herumstehenden Kerl anzutanzen. Dafür zog sich ihre Freundin halb aus und heulte vor Rührung bei einem Sting-Konzert. Oft diskutierten sie, welche die beste Musikgruppe sei, aber genausogut hätten sie versuchen können, sich auf einen perfekten Mann zu einigen. Von beiden anerkannt war dagegen so was gewesen wie die Beatles, aber gehört hatte sie weder die eine noch die andere.

Und darum fragte die Fee schließlich: »Gibt's das denn?«

»Was?«

»Großartige *und* allgemein anerkannte Romane. Also, zum Beispiel mit Musik ist es doch so: Der eine liebt das oder findet's großartig, wie Sie wollen, der andere jenes. Ich meine, solche Sachen sind doch nicht wie Mathematik oder Hochsprung.«

»Na ja …!« Ohio hüstelte amüsiert. Das war ja nun ein verrücktes Zeug, was das Fräulein da redete. »Sie werden doch wohl kaum bezweifeln, dass zum Beispiel Goethe einer der bedeutendsten Autoren ist und auch geliebt wird.«

»Weiß nicht, nie gelesen, aber für eine Freundin von mir war der bedeutendste Autor der, der in ihrer Stammillustrierten immer über berühmte Partys geschrieben hat. Hat er auch wirklich lustig gemacht. Jedenfalls sollten Sie Ihren Wunsch schon ein bißchen genauer fassen. Weil – das kann ich Ihnen versprechen – eins wird wegfallen. Entweder ›großartig‹ oder ›allgemein anerkannt‹ oder ›Roman‹. Denn wir erfüllen zwar Wünsche, aber wir richten die Welt nicht neu ein.«

»Aber das ist doch …« Ohio schüttelte den Kopf. So was hatte er ja noch nie gehört. »… Vielleicht haben Sie nicht verstanden, was ich mit ›allgemein anerkannt‹ meine. Auf jemanden wie Ihre Freundin kommt es mir da, ehrlich gesagt, nicht so sehr an. Es geht mir um die Literaturwelt, die wirklich wichtigen Leute, Feuilletons, Fernsehen …«

»Ach so, verstehe.« Die Fee wandte gelangweilt den Blick ab. »Sie wollen in die Talk-Shows.«

Irritiert erwiderte Ohio: »Auch. Aber es geht natürlich ums Ganze, um den Betrieb.«

»Na schön, aber ich kann Ihnen nicht versprechen, dass Ihr Roman dann auch geliebt wird. Von Menschen, meine ich. Und ob Betriebe lieben – dazu kenne ich mich in dem Fall zuwenig aus. Aber wie Sie wollen.«

»Moment!« Nun bekam Ohio doch ein bißchen Angst. »Natürlich möchte ich auch von den Lesern geliebt werden.«

»Von allen?«

»Von so vielen wie möglich.«

»In der Illustrierten meiner Freundin gab es so einen Kasten: ›Die gute Tat der Woche‹. Hunde, die irgendwen retten und so. Den haben wir beide immer gerne gelesen.«

»Wollen Sie mich auf den Arm nehmen?«

»Überhaupt nicht. Meine Aufgabe ist es aber, Ihren Wunsch so genau wie möglich aufzunehmen, damit's nachher bei der Erfüllung keine Enttäuschung gibt. Obwohl, das sage ich Ihnen offen: Enttäuschungen sind immer möglich.«

»Was heißt das?«

»Wie gesagt: Wir richten die Welt nicht neu ein und achten ihre Gesetze. Wenn Sie sich zum Beispiel wünschten, die heißeste Pop-CD des Jahres rauszubringen, kann ich Ihnen voraussagen, Sie werden nicht der Leadsänger sein. Wollen Sie aber der Leadsänger sein, wird's nicht die heißeste CD. So einfach ist das.«

»Danke. Ein nettes Beispiel.«

»Ich wollt's nur deutlich machen. Mit den Wünschen ist es wie im Leben, je höher man ins Regal greift, desto tiefer kann man fallen. Jedenfalls ergeht es den Leuten nach meiner Erfahrung immer am besten mit Wünschen, die sich im Rahmen ihrer Möglichkeiten bewegen.«

Ohio sah hinab auf einen Lichtenstein-Sonnenaufgang. Mit irgendwas hatte die Fee recht, aber womit genau? Sicher kannte er außer ihr niemanden, der bei ›großartiger, allgemein anerkannter Roman‹ nicht sofort wußte, was gemeint war. Obwohl … Auch Marita hatten ganz andere Bücher begeistert als ihn. Statt Thomas Mann und Hermann Hesse, seine unerreichbaren Götter, verehrte sie – neben ihm, aber das galt natürlich nicht – Hera Lind. Und wenn das am Ende tatsächlich alles gleich viel wert war? Oder konnte man Marita absprechen, dass Hera Lind sie mehr rührte als *Der Steppenwolf*? Andererseits gab es Leute wie den Konzeptmanager, die in der Zeitung lasen, dieser oder jener Roman sei ein Meisterwerk, und es glaubten und weitertrugen und einem Autor schließlich dazu verhalfen, vom Taxifahrer erkannt zu werden. Natürlich wollte Ohio alles: die Begeisterung von Marita, den Respekt des Managers und die scheue Bewunderung des Taxifahrers. Aber – und das fragte er sich so bewußt zum ersten Mal – von wem sollte er ausgehen? Wessen Erwartungen wollte er befriedigen? Und wußte er überhaupt, wie die Erwartungen aussahen? Er hatte nie verstanden, was Marita an Hera Lind so schätzte. Sowenig wie sie ihm bei Hermann Hesse folgen mochte. Als Schulhof-Kitsch hatte sie Hesse-Bücher bezeichnet – und das von einer Hera-Lind-Leserin! Da wußte man doch gleich gar nichts mehr. Und wenn er mal die Fee und die Verlockung, ein Wunder geschehen zu lassen, für einen Moment vergaß, hatte er seit Tagen ja eigentlich nur einen Wunsch: endlich die Szene mit dem Oberst hinzukriegen.

Die Fee räusperte sich so höflich wie möglich. »So langsam müßten wir dann mal … «

»Hmhm … « Ohios Blick blieb gesenkt. So ganz entschieden fühlte er sich noch nicht. Bis vor zehn Minuten hatten für ihn die Hierarchien in der Literaturwelt außer Frage gestanden. Was oben, was unten, bedeutend, unbedeutend, gut, schlecht war – da hatte er nicht lange überlegen müssen. Nicht mal kurz. Und dabei war ihm die Einstufung der eigenen Werke, wie er fand, immer sehr realistisch geraten. Doch jetzt? Wenn er die Worte der Fee ernst nahm … Immerhin: Er hatte mehrere Millionen Heftchen verkauft, Leuten in U-Bahnen, Wartesälen, Altersheimen die Zeit angenehm verkürzt, war von verschiedenen Frauen wegen seiner Texte geliebt worden, bekam Briefe, in denen Leser davon berichteten, wie sie am Monatsanfang immer als erstes zum Kiosk rannten und wieviel Mut fürs tägliche Leben ihnen der Colonel oder Alabama-Snake machten, und blickte alles in allem auf eine Karriere zurück, die voll anrührender Momente war, in denen wildfremde Menschen ihn zum Urheber glücklicher Stunden erklärten. Warum sollte also ausgerechnet er sich wünschen, mal einen großartigen, allgemein anerkannten Roman zu schreiben?

Ohio sah auf. »… Ehrlich gesagt, haben Sie mich ein bißchen durcheinandergebracht.«

»Das kommt bei unseren Besuchen schon mal vor. Aber machen Sie sich nicht zu viele Sorgen, von einem Wunsch hängt meistens viel weniger ab, als die Leute denken.«

»Also gut.« Ohio gab sich einen Ruck. »Ich wünsche mir, einen Ton und eine Erzählperspektive für die Szene zu finden, an der ich seit über einer Woche sitze und mit der ich kein Stück weiterkomme.«

Ohio schaute die Fee erwartungsvoll an.

Die Fee lächelte. »Und Ihr Wunsch ist erfüllt.«

Ich saß auf dem Bett, als der Befehl des Obersts durch den Flur schallte: »Alle Mann sofort antreten!« Im ersten Moment dachte ich, der Grund sei wieder irgendein Quatsch. Zum hundertsten Mal die Kaserne putzen, die wir in ein paar Tagen sowieso verlassen würden, oder vielleicht hatte jemand eine Wurst aus der Küche geklaut, wie letzte Woche, und der Oberst wollte sich vor uns erneut als Detektiv aufspielen. Und darum machte ich mir auch keine Sorgen, selbst wenn seine Stimme klang, als flappten ihm schon die Fahnen der Roten Armee ins Gesicht. Doch dann kam Heinrich ins Zimmer gestürzt und rief: »Scheiße, er will das Dorf niedermachen!«

»Was?!«

»Angeblich haben gestern nacht Partisanen einen unserer Züge in die Luft gesprengt. Und jetzt gibt's überall Vergeltung.«

»Aber was hat denn das Dorf damit zu tun?!« Mein Herz begann zu rasen.

»Natürlich nichts. Ist denen doch egal.«

»Aber das müssen wir verhindern! Das darf nicht passieren!«

»Hä?« Heinrich, der dabei war, sich seine Jacke anzuziehen, hielt kurz inne und sah mich spöttisch und ein bißchen mitleidig an. »Das müssen wir verhindern? Etwa wegen deinem Schätzchen? Ich mach mich doch nicht unglücklich. Ende der Woche sind wir hier weg, und dann Schwamm drüber. Und an deiner Stelle würde ich schon mal anfangen, die Kleine zu vergessen. Ist doch nur 'ne Affäre.«

»Eine Affäre?!« Am liebsten hätte ich ihn angesprungen. Er fuhr fort, sich die Jacke zuzuknöpfen, und griff nach seinem Gewehr.

»Heinrich, bitte! Wenn wir uns alle weigern, kann er nichts machen!«

»Weigern? Bist du verrückt? Du weißt doch, was dann passiert. Und …«, Heinrich senkte die Stimme, »… bald ist der Krieg sowieso vorbei. Ich geh doch jetzt kein Risiko mehr ein.«

»Ach, und wenn er noch zehn Jahre dauern würde, dann gingst du ein Risiko ein, oder was?!«

»Jetzt schrei hier um Himmels willen nicht so rum! Wenn der Oberst das hört!«

»Beantworte meine Frage!«

»Beantworte du mir lieber meine: Warum sollen wir unser Leben riskieren, nur damit du …« Er bewegte sein Becken vor und zurück und grinste. Mit einem Satz war ich auf den Beinen und schlug ihm mit der Faust ins Gesicht. »Du blödes Arschloch!« hörte ich noch, ehe ich aus dem Zimmer war und zum Hof rannte.

Die ersten standen schon in Reih und Glied, und der Oberst hatte begonnen, Befehle zu erteilen. Als er mich aus dem Haus stürzen sah, verstummte er und legte die rechte Hand auf seine Pistolentasche.

»Sieh an, Kratzer«, sagte er, als ich keuchend vor ihm stehenblieb. »Es freut mich, dass Sie es so eilig haben, zum Einsatz zu kommen.«

»Das …«, ich rang nach Luft und bemühte mich, ruhig zu sprechen, »… das können Sie nicht machen. Das sind doch nur Bauern.«

»So? Nur Bauern. Und selbst wenn das irgendeinen Unterschied machen sollte – woher wissen Sie das so genau?«

»Ich war schließlich einige Male unten auf Erkundung.« Der Oberst wandte sich an die Soldaten hinter mir: »Ach, Erkundung nennt man das!« Und die Soldaten kicherten pflichtschuldig.

»Bitte … das hat doch damit nichts zu tun. Dort unten

ist ganz sicher kein einziger Partisan. Und …«, ich sah dem Oberst, so fest ich konnte, in die Augen, »… wir ziehen doch sowieso bald ab.«

Er stutzte, dann wurde sein Blick plötzlich eisig. »Was soll das heißen: Wir ziehen sowieso bald ab?«

»Das heißt …«, meine Augen begannen zu zucken, »… es wäre nicht richtig.«

»Wer sagt das? Der Führer? Oder glauben Sie etwa, Kratzer, es könnte demnächst andere Mächte geben, vor denen Sie sich zu verantworten haben …?«

Ich schüttelte schnell den Kopf. »Natürlich werden wir siegen.«

»Natürlich.« Langsam öffnete er den Knopf seiner Pistolentasche. »Und zwar mit Ihnen oder ohne Sie. Sie wissen ja wohl, was auf Befehlsverweigerung steht?«

»Bitte …!«

Er umfaßte die Pistole. »Holen Sie jetzt Ihr Gewehr. Ich erwarte Sie in zwei Minuten.«

Ich starrte ihn an.

»Los!«

Langsam drehte ich mich um und wankte zum Haus zurück.

»Und denken Sie bloß nicht, Sie könnten da unten irgendwen entwischen lassen. Wegen der Schweine sind gestern über hundert Kameraden in die Luft gesprengt worden. Und das heißt: Vergeltung bis zum letzten Dorfbewohner!«

Im Flur kam mir Heinrich entgegen. Er hielt sich immer noch die Nase. Trotzdem blieb er stehen und flüsterte: »Mach jetzt keinen Scheiß. Ich versprech dir, wenn du mitkommst, versuche ich, dir zu helfen, die Kleine in irgendeinem Schrank zu verstecken.«

»Und ihre Geschwister, Eltern, Freunde? Wir wollten zusammen nach Amerika!«

»Halt bloß die Schnauze! Nach Amerika! Amerika kommt noch früh genug zu uns. Und rumplärren hilft dir jetzt auch nichts.«

Ich wankte weiter.

»Rudi!«

»Ja, ja, bis gleich.«

Im Zimmer nahm ich meine Pistole und schoß mir so durchs Bein, dass man es als Unfall auslegen konnte.

BANANA YOSHIMOTO

Heiterer Abend

Eine Jugendfreundin war plötzlich krank geworden. Als ich die Nachricht erfuhr, eilte ich, sobald meine Arbeit es zuließ, zu ihr ins Krankenhaus. Ein großes Zimmer, lauter betagte Leute. Ihre hohe, helle Stimme war leise, aber deutlich zu hören. Ganz hinten in der Ecke saß sie im Pyjama auf dem Bett und sprach mit ihrem Besuch, der sich, kaum hatte er mich bemerkt, schnell verabschiedete. Mehr als zehn Jahre hatten wir uns nicht mehr gesehen, und dennoch ein eigenartig vertrauter Anblick: ihr nicht ganz so dunkles Haar, die Farbe ihrer Augen genau wie früher. Der schlanke Körper, das zerbrechliche Handgelenk, die zierlichen Schultern. Wir sprachen mit gedämpfter Stimme, um die Ruhe nicht zu stören.

»Erst wenn man aufschneidet, wird man sehen, ob es gut- oder bösartig ist. Stell dir vor, zuerst hat der Arzt gesagt, mit größter Wahrscheinlichkeit wäre es bösartig, und gleich einen Operationstermin festgelegt, und als er sich das Ergebnis der MRT-Untersuchung anguckte, meinte er, es wäre vielleicht doch gutartig. Wenn der nicht ein bisschen durcheinander war ...«

Die Art und Weise, wie sie mit der Sache umging und sich nicht aus der Fassung bringen ließ, beeindruckte mich. Kein Zweifel, dass sie sich Sorgen machte, dass Gedanken über das Leben und den Tod sie beschäftigten, aber wie es schien, hatte diese Krankheit äußerlich nicht den geringsten Einfluss auf sie. Bis zum Tag vor der Aufnahme ins Krankenhaus ging sie arbeiten, von ihrer Erkrankung erzählte sie so gut wie niemandem etwas. »So etwas wird mir sicher nicht passieren« – was wir alle hoffen, hoffte gewiss auch sie. Doch sah es keineswegs danach aus, als hätte sie auch nur eine Sekunde daran gedacht, dass diese Angelegenheit ihr Leben verändern könnte. Man hatte etwas gefunden, also musste es weg. Ich lasse mich im nächstgelegenen Krankenhaus operieren, und sobald ich gesund bin, geh ich wieder arbeiten. Im Moment ein wenig unangenehm, aber was soll's … So wirkte sie. In dieser unbekümmerten Haltung offenbarte sich meiner Meinung nach – auch wenn das normalerweise nicht als etwas Besonderes betrachtet wird – der großartige Charakter einer Frau, die stets ihr eigenes Leben gelebt hatte, voller Energie und Zuversicht. Jedenfalls schien sie auch jetzt, trotz des Schnarchens und Röchelns vor sich hin dösender Patienten, trotz der diversen Geräusche und Gerüche im nachmittäglichen Krankenzimmer, kein bisschen angeschlagen oder mitgenommen zu sein. Sie reckte das Kinn, als wären ihr die Umstände ein wenig peinlich.

Wir schlenderten durch den Gang. »Und das Essen hier, furchtbar. Zum Frühstück Reis mit zerkleinertem Fisch, brr! Dieses Katzenfutter krieg ich nicht runter«, ereiferte sie sich lautstark, obwohl Krankenschwestern in der Nähe waren. Vor dem Lift blieben wir stehen. Lächelnd winkte sie. Das Letzte, was ich von ihr sah, bevor die Tür sich ganz schloss, war das Muster ihres Pyjamas.

Schon oft hat mir jemand seine Hilfe angeboten. Ich habe auch schon um Hilfe gebeten. Aber wenn ich, ohne Hintergedanken und unabhängig davon, welche Rolle die Leute später in meinem Leben spielten, mich hin und wieder fragte: »Gab es mal jemanden, der mir wirklich geholfen hat, mehr als alle anderen?«, dann musste ich immer an sie denken.

Wie es dazu kam, weiß ich nicht mehr so genau. Es war in der Mittelschule, als ich eines Tages nur aufgrund meines Namens oder meines Sitzplatzes dazu auserkoren wurde, zusammen mit Schülern einer anderen Klasse irgendwelche Unterrichtsmaterialien anzufertigen. Ich hatte absolut keine Lust und kniff dreimal, was mich schnell zum verhassten Außenseiter machte. Bei der erstbesten Gelegenheit wurde es mir heimgezahlt, indem man mir den mühsamsten Teil der Arbeit überließ.

Wenigstens einmal solltest du dich blicken lassen, hatte ich gedacht und war arglos ins Klassenzimmer getreten, wo die Schüler an der Arbeit waren. Feindseligkeit und Verachtung schlugen mir entgegen. Wie war es möglich, jemanden, den man noch gar nie gesehen hatte, derart zu hassen? Beneidenswert, dachte ich. Sicher gibt es viele Leute, die sich aus irgendeinem Grund entscheiden, irgendwas oder irgendwen zu hassen, und ihren eben noch friedlich schlummernden Hass auf das auserwählte Objekt richten, überzeugt, es sei alles seine Schuld. So vergiftet sich die Atmosphäre, und am Ende kommt es vielleicht gar zum Krieg … Derlei Gedanken gingen mir, einem naiven jungen Mädchen, durch den Kopf, aber es änderte nichts: Ich fühlte mich schlecht behandelt.

»Tja, dann viel Spaß«, sagten sie schadenfroh und ließen

mich allein im Zimmer zurück. Ich blickte auf die herumliegenden Arbeitsutensilien, die Schreibstifte, den Maßstab und hatte nicht die geringste Ahnung, was zu tun war. Ich ging ins Lehrerzimmer, um den zuständigen Lehrer zu fragen. Einer, der die schlechten Schüler in der Reihenfolge ihrer Zensuren zu züchtigen pflegte, wobei er die Zensuren zuerst laut ausrief, bevor er zuschlug. Ein verhasster Typ. »Das kommt davon, wenn man durch Abwesenheit glänzt … Überleg doch mal selber!« In diesem Stil redete er fast ein halbe Stunde auf mich ein. Nur weil ich keine Lust hatte, etwas zu machen, was mir gegen meinen Willen aufgezwungen wurde; nur weil ich lieber woanders mitgeholfen hätte. Was für eine Welt, in der eine Kleinigkeit zu so viel Ungemach führte … Ich versuchte Ruhe zu bewahren – ich war ja kein kleines Kind mehr –, aber umsonst. Vor Wut und Elend schossen mir Tränen in die Augen. Als der Lehrer die Tränen bemerkte, begann er endlich zu erklären, was ich genau machen sollte. Sein herablassendes Getue konnte er sich dabei nicht verkneifen. Lehrer, die meinten, Schwänzen müsse hart bestraft werden, dumme Schüler, die sich bereitwillig unterwarfen, und dann noch dieser Erwachsene hier, der sich wie selbstverständlich auf ihre Seite stellte – Dreckskerle, dachte ich. »Sag's doch gleich, wenn du kapiert hast. Ich hab auch Arbeit, siehst du nicht?!« Stillschweigend ertrug ich seine Worte. Nur mit Mühe und Not schaffte ich es, den versammelten Lehrern nicht als tobende Furie in Erinnerung zu bleiben. Eine Minute länger, und ich wäre ausgeflippt. Mir wurde schwarz vor Augen, so wütend war ich. Natürlich fühlte ich mich jetzt noch schlechter als zuvor.

Ich kehrte ins Klassenzimmer zurück. Die Lichter brannten, obwohl kein Mensch da war. Wenn man eine Arbeit, die eigentlich für mehrere Leute vorgesehen ist, allein verrichten muss und noch dazu keine Lust hat, ist es nicht verwunderlich, dass man kaum vom Fleck kommt.

Die Strahlen der Nachmittagssonne durchfluteten das Zimmer. Ich fühlte mich immer elender. Widerwillig bewegten sich meine Hände. Zogen Linien, zeichneten Diagramme. Echt wie ein Idiot, dachte ich.

Da öffnete sich plötzlich die Tür, und herein kam sie.

»Was ist?« Meine Stimme zitterte. Weniger weil ich mich freute, dass völlig unerwartet eine Freundin auftauchte, sondern weil ich lange nicht mehr etwas so Schönes erblickt hatte.

Mundwinkel, die nicht von Ironie und Häme verzerrt waren, ein neidloser, gutherziger Mensch, dem meine Eigenwilligkeit kein Dorn im Auge war. In dem Moment, als sie schwungvoll ins Zimmer trat, sah sie wirklich schön aus. Die flinken Bewegungen ihres in der Uniform noch schmaler wirkenden Körpers, ihre grazilen Arme, die freundlich blickenden großen, braunen Augen – hinreißend schön.

»Ich hab in der Bibliothek was gesucht und dachte, du wärst vielleicht noch da«, sagte sie mit ihrer hohen, hellen Stimme. »Was machst du hier, so mutterseelenallein?«

Ich wollte es ihr erklären, aber unwillkürlich füllten sich meine Augen mit Tränen.

»Ich helfe dir«, sagte sie und begann schon mit der Arbeit.

Ich an ihrer Stelle hätte sicher gefragt, was los sei, und

das Elend auf diese Weise noch verstärkt. Hätte mitgefühlt und mitgeweint und den ganzen Mist noch einmal hochkommen lassen. Sie aber fragte nicht, begann einfach wortlos zu arbeiten.

Wenn ich es mir überlege, zeigte sich jene unbekümmert-frische Art, mit der sie ihrer Krankheit begegnete, schon damals in der Schule. Nicht mehr tun als nötig, aber auch nicht vor den Tatsachen fliehen, sie beschönigen oder verharmlosen. Die Dinge nehmen, wie sie sind, Punkt. Für diese Eigenschaft mit all ihren Stärken und Schwächen gibt es ein treffendes Wort: Edelmut.

Schweigend über das schneeweiße Papier gebeugt, den Maßstab in der Hand, zog sie Linie um Linie. Ihr braunes Haar schimmerte goldfarben im Spätnachmittagslicht. Auch ihre feingliedrigen Finger leuchteten orange. Die Sonnenstrahlen erhellten und wärmten das Klassenzimmer, wie wenn es gerade Mittag wäre.

Auf dem Heimweg, es dunkelte schon, sagte ich nur immer wieder: »Danke. Danke.«

»Jetzt reicht's aber. Ich hab doch nichts getan!«, gab sie jedes Mal mit ärgerlicher Miene zurück und lachte.

Als ich nach Hause ging, traf ich zufällig eine andere Jugendfreundin. Ich erzählte ihr, woher ich kam, und da sagte sie: »Ach wirklich? Ich war gestern auch kurz bei ihr.«

Wir kannten uns schon sehr lange. Von meinem fünften Lebensjahr bis zum Ende der Oberschule hatte sie neben uns gewohnt. Dann zog ich weg. Sie war verheiratet und hochschwanger und bereitete sich jetzt bei ihren Eltern auf die Geburt vor. Es sah aus, als könnte das Kind jeden

Moment zur Welt kommen. Ihr Bauch war kugelrund, er schien fast zu platzen.

Ich begleite dich, sagte ich, und so gingen wir in der winterlichen Dämmerung gemächlich nebeneinander her. Mit der gleichen Person durch die gleichen engen Gassen wie damals mit fünf zu gehen war ein komisches Gefühl. Vor allem, wenn ich mir vergegenwärtigte, dass in ihrem Bauch ein kleines Lebewesen heranwuchs, bald bereit, den Sprung in diese Welt zu wagen.

Während wir durch die Nebenstraßen und Seitengässchen schlenderten, kamen mir die Häuser so niedrig und die Wege so schmal vor, als wäre ich in einer Miniaturstadt. Schäfchenwolken überzogen den Himmel, wunderschön changierend zwischen Orange und Rosa.

Unversehens kamen wir auf die bevorstehende Operation zu sprechen. Die Worte wollten uns nicht mehr so leicht über die Lippen. Seltsam, in dieser eigentlich vertrauten Umgebung so nebeneinander herzugehen, dachte ich. Die eine ist weggezogen und arbeitet fern von ihrer Heimat, die andere trägt ein Kind in ihrem Schoß – aber worüber sie jetzt zögernd, stockend, miteinander reden, ist die vielleicht lebensbedrohliche Krankheit einer gemeinsamen Freundin. Ohne dass sich irgendetwas geändert hätte, erschien mir doch alles ein wenig verzerrt oder verrückt.

Früher, als Kinder, waren wir in dieser kleinen Stadt umhergerannt, hatten alle Winkel erkundet. Nicht die kleinsten Dinge oder Veränderungen waren uns verborgen geblieben. Etwas wie Efeu, das sich an einem Zaun emporrankte; eine weiße übelriechende Blume; die Kante einer

Steintreppe, wo wieder ein Stück abgebröckelt war und zarter, junger Klee hervorspross … Zum Beweis, dass die Stadt unser Reich war und wir sie kannten wie die eigene Hosen- oder Rocktasche, vergruben wir da und dort kleine Schätze in der Erde und zeichneten sie auf einer Karte ein. Über Zäune und Mauern kletternd, durch Gärten und Hecken kriechend, hatten wir unsere eigenen, geheimen Wege.

Einmal, als wir wieder auf Entdeckungstour gingen, fanden wir ein riesiges offenes Grundstück. Vom abgerissenen Gebäude waren kaum noch Spuren zu erkennen. Im wuchernden Gras leuchteten unzählige kleine weiße Blüten. Der hintere Rand des Grundstücks fiel steil ab, wie ein Kliff. Von da oben konnten wir alles überschauen, erblickten in der Ferne, wo früher das Meer zu sehen war, die Häuser unserer Stadt. Der Wind blies. Es fühlte sich an, als würde er jeden Augenblick den Meeresgeruch zurückbringen. Wir stapften im Gras herum, pflückten Blumen, kletterten auf Mauerreste. So vergnügten wir uns nach Herzenslust, bis sich die Dämmerung über die Landschaft legte und die Häuser in gleißendem Abendlicht erstrahlten.

Dass an ebendiesem Ort ein Krankenhaus gebaut und viele Jahre später eine andere Schulfreundin, die mir sehr viel bedeutete, in dem Krankenhaus auf ihre Operation warten würde – was für ein unerklärlicher, merkwürdiger Zufall!

Genau wie damals schien die Abendsonne auf die Stadt und tauchte sie in ein Meer von Licht. War ich verrückt geworden? Mir war, als wüsste ich auf einmal nicht mehr, wie alt und wo ich zu Hause war. Als wandelte ich durch eine Traumlandschaft. Es war weder ein guter noch ein schlechter Traum; nur das Gefühl, von der Wirklichkeit weit entfernt zu sein. Während wir durch diese Miniaturwelt gingen, war ich plötzlich ein Riese geworden, der von weit, weit oben auf unser winzig kleines Leben mit seinen tausend Überraschungen herabschaute und alles sehen konnte, von der Vergangenheit bis in die Gegenwart.

Was ich sah, war keineswegs übel. Der heitere Anblick überraschte mich fast, und ein Gefühl tiefer Verbundenheit erfüllte mich.

Das sonderbare Leben der Monika Schmid

Etwas vom Ersten, was Monika über sich erfuhr, war, dass sie ein Uneheliches ist. Sie erfuhr es von Lilli, die im gleichen Block wohnte und etwas älter war. Aber auch sie wusste nicht, was das bedeutete.

Doch Monikas Mutter wusste es.

»Und warum seid ihr das nicht? Verheiratet?«, hatte Monika gefragt. Und der Vater hatte geantwortet: »Weil wir wollen, dass du dabei bist, wenn wir heiraten.«

Erst als Monika sieben war – so lange musste sie warten, weil sie sich sonst vielleicht später nicht mehr daran erinnert hätte –, wurde die Hochzeit gefeiert. Monika war danach zwar nicht mehr unehelich, aber immer noch etwas Besonderes: die Einzige, die sie kannte, die an die Hochzeit der eigenen Eltern eingeladen war.

Diese waren Künstler. Dass auch das etwas Besonderes war, erfuhr sie erst später. Für sie war das lange Zeit ganz normal, alle, die bei ihnen verkehrten, malten, bildhauerten, zeichneten, modellierten, musizierten, schrieben.

Monika tanzte. Mit vier ging sie ins Ballett, mit fünf war sie erste Elfe in der Zauberflöte, als sie zehn war, kam der Ballettmeister der Oper zu ihnen nach Hause und empfahl dringend die Vorbereitung auf eine akademische Ausbildung. Mit vierzehn wurde Monika in die Royal Ballet

School nach London eingeladen. Mit achtzehn schloss sie dort mit Bravour ab und wurde vom Fleck weg vom Royal Ballet ins Opera House engagiert.

Mit neunzehn schrieb sie sich ein in der »Beaux-Arts« in Paris. Dort blieb sie bis drei Jahre vor Kriegsbeginn, dann kehrte sie zurück in die Schweiz, holte das Abitur nach, wurde eine der damals sehr wenigen Frauen, die es in die medizinische Fakultät schafften, doktorierte als Gastroenterologin und verliebte sich in einen Fliegerleutnant, dem sie zwei Uneheliche gebar.

Diesen war die Besonderheit allerdings nicht vergönnt, der Hochzeit der Eltern beizuwohnen, das Paar trennte sich, bevor es dazu kam.

Bis zu ihrem Vierzigsten lebte Dr. Monika Schmid als alleinerziehende Mutter und praktizierende Magendarmspezialistin mit gelegentlichen Affären und ohne Geldsorgen. Dann verkaufte sie Haus und Praxis und wanderte mit ihren zwei Teenagern nach Los Angeles aus. Dort kaufte sie sich ein Haus in Hollywood und wurde eine begehrte Casterin der großen Studios.

Als die Kinder ausgeflogen waren, verliebte sie sich in den großen italienischen Regisseur Roberto Bernardo und zog mit ihm nach Rom. Dort eröffnete sie an der Via del Corso ein Geschäft mit den Kreationen der großen Modeschöpfer der Sechzigerjahre.

Mitte fünfzig verliebte sie sich zu ihrer eigenen Überraschung in eine zwanzig Jahre jüngere Moderedakteurin und begleitete diese während acht Jahren an die großen internationalen Fashion-Events.

Monika war im Pensionsalter, als sie sich wieder in der

Schweiz niederließ und sich dort als Architekturstudentin einschrieb. Nach ihrem Abschluss eröffnete sie ein kleines Architekturbüro und erregte in der Branche Aufsehen mit dem Gewinn eines internationalen Wettbewerbs für einen Konzertsaal, ganz aus Holz.

Dessen Ausführung und das Architekturbüro überließ sie ihrem jungen Team und übernahm ein kleines Hotel auf den Marquesas-Inseln in Französisch-Polynesien.

Monika war fast neunzig, als ihre Urenkelin Lacy sie dort besuchte. Sie studierte Journalismus und machte als Diplomarbeit einen Bericht über das sonderbare Leben ihrer Urgroßmutter.

Beim Abendessen mit reichlich Rotwein fasste sich Lucy ein Herz und fragte: »Weißt du, was mich an deinem Leben am meisten verwundert?«

Monika Schmid schüttelte den Kopf.

»Warum hast du eigentlich das Erreichte immer wieder aufgegeben?«

Die alte Frau lächelte: »Ich liebe den Neubeginn.«

Nachmittag eines Schriftstellers

I

Beim Erwachen fühlte er sich besser, als es seit Wochen der Fall gewesen war, was sich durch eine Negation bemerkbar machte: Er fühlte sich nicht krank. Eine Zeit lang lehnte er an dem Türrahmen zwischen Schlafzimmer und Bad, bis er sich davon überzeugt hatte, dass ihm nicht schwindelig war. Kein bisschen, nicht einmal, als er unter dem Bett nach einem Hausschuh suchte.

Es war ein schöner Aprilmorgen; er hatte keine Ahnung, wie spät es sein mochte, denn er hatte seine Uhr seit Langem nicht mehr aufgezogen, doch als er durch die Wohnung in die Küche ging, sah er, dass seine Tochter gefrühstückt und das Haus verlassen hatte und dass die Post da war; es musste also nach neun Uhr sein.

»Ich glaube, heute gehe ich an die frische Luft«, sagte er zu dem Hausmädchen.

»Wird Ihnen guttun, ein herrlicher Tag.« Sie stammte aus New Orleans und hatte Züge und Kolorit einer Araberin.

»Ich möchte zwei Eier wie gestern und Toast, Orangensaft und Tee.«

Er hielt sich eine Weile in dem Teil der Wohnung auf, der das Reich seiner Tochter war, und las seine Post. Es war verdrießliche Post, nichts Aufheiterndes … hauptsächlich Rechnungen und die tägliche Reklame mit dem Schuljungen aus Oklahoma und seinem aufgeklappten Autogrammalbum. Sam Goldwyn würde womöglich einen Tanzfilm mit Spessiwitza drehen oder auch nicht … Das würde sich erst herausstellen, wenn Mr. Goldwyn aus Europa zurückkam und möglicherweise ein halbes Dutzend neuer Einfälle mitbrachte. Paramount wollte die Genehmigung für die Verwendung eines Gedichts aus einem Buch des Schriftstellers, wobei man nicht wusste, ob es von ihm war oder ein Zitat. Vielleicht wollten sie einen Titel daraus machen. Anspruch auf diesen geistigen Besitz hatte er sowieso nicht mehr; die Stummfilmrechte hatte er schon vor Jahren verkauft, die Tonfilmrechte im vergangenen Jahr.

»Du hast einfach kein Glück beim Film«, sagte er sich. »Schuster, bleib bei deinem Leisten.«

Während des Frühstücks sah er aus dem Fenster zu den Studenten, die auf dem Collegegelände gegenüber von einem Kurs zum anderen wechselten.

»Vor zwanzig Jahren war ich einer von denen«, sagte er zu dem Hausmädchen. Sie lachte ihr Debütantinnenlachen.

»Bevor Sie aus dem Haus gehen, brauche ich einen Scheck«, sagte sie.

»Oh, ich gehe nicht so bald. Ich habe einige Stunden zu tun. Ich wollte später am Nachmittag gehen.«

»Nehmen Sie den Wagen?«

»Die alte Kiste? Auf keinen Fall; die würde ich für fünfzig Dollar verkaufen. Ich fahre oben in einem Doppeldeckerbus.«

Nach dem Frühstück legte er sich für eine Viertelstunde

hin. Dann ging er in sein Studierzimmer und machte sich an die Arbeit.

Die Schwierigkeit bestand darin, dass die Geschichte für eine Zeitschrift, an der er schrieb, in der Mitte so dünn geworden war, dass sie Gefahr lief, sich in Luft aufzulösen. Die Handlung kam ihm vor wie eine endlose Treppe, er hatte keine Überraschung in der Hinterhand, und die Figuren, die zwei Tage zuvor so wacker ins Leben getreten waren, hätten nicht einmal mehr den Anforderungen einer Fortsetzungsschmonzette genügt.

›Ja, ich muss zweifellos an die frische Luft‹, dachte er. ›Ich würde am liebsten nach Shenandoah Valley fahren oder eine Schifffahrt nach Norfolk machen.‹

Beide Wünsche waren illusionär, denn ihre Umsetzung erforderte Zeit und Geld, beides Mangelware, und das wenige, das vorhanden war, musste für die Arbeit aufgespart werden. Er arbeitete sich durch das Manuskript, unterstrich gelungene Stellen mit Rotstift, und nachdem er sie auf ein eigenes Blatt übertragen hatte, zerriss er den Rest der Geschichte und warf die Schnipsel in den Papierkorb. Dann ging er im Zimmer auf und ab und rauchte und hielt ab und zu Selbstgespräche.

»Hm, hm, mal sehen …«

»Und als Nächstes … wäre das Beste …«

»Ja, hm, mal sehen …«

Nach einer Weile setzte er sich. ›Ich bin einfach ausgepumpt; ich hätte die letzten zwei Tage keinen Stift anrühren dürfen‹, dachte er sich.

Er las, was unter der Überschrift »Einfälle« in seinem Notizbuch stand, bis das Hausmädchen kam und sagte, seine Sekretärin sei am Telefon – seine Teilzeitsekretärin, seit er krank geworden war.

»Es gibt nichts zu tun«, sagte er. »Ich habe gerade alles zerrissen, was ich geschrieben hatte. Es war völlig unbrauchbar. Ich gehe heute Nachmittag raus.«

»Wird Ihnen guttun. Heute ist schönes Wetter.«

»Kommen Sie lieber morgen Nachmittag vorbei; es gibt einen Berg Post und Rechnungen zu erledigen.«

Er rasierte sich und ruhte sich vorsichtshalber für fünf Minuten aus, bevor er sich ankleidete. Es war aufregend, aus dem Haus zu gehen. Er hoffte, die Liftboys würden nicht sagen, sie freuten sich, ihn zu sehen, und er entschloss sich, den hinteren Aufzug zu nehmen, wo man ihn nicht kannte. Er zog seinen besten Anzug an, Jackett und Hose aus verschiedenem Stoff. Er hatte in sechs Jahren nur zwei Anzüge gekauft, doch von bester Qualität – allein das Jackett dieses einen Anzugs hatte einhundertzehn Dollar gekostet. Da er ein Ziel haben musste – es war nicht gut, ziellos herumzuwandern –, steckte er eine Tube Kurshampoo für den Besuch beim Barbier und ein Fläschchen Luminal ein.

›Der Neurotiker, wie er im Buche steht‹, dachte er, als er sich im Spiegel betrachtete. ›Abfallprodukt einer Idee, Schlacke eines Traums.‹

II

Er ging in die Küche und verabschiedete sich von dem Hausmädchen, als wäre er auf dem Weg nach Little America in der Antarktis. Im Krieg hatte er einmal aus reinem Bluff eine Lokomotive requiriert und sie von New York nach Washington dirigiert, sodass ihm keine unerlaubte Abwesenheit von der Truppe zur Last gelegt werden konnte. Nun wartete er gehorsam an der Straßenkreuzung, bis die Ampel umschaltete, während die jungen Leute unter nonchalanter Missachtung des Verkehrs an ihm vorbeieilten. An der Bushaltestelle im Schatten der Bäume war es grün und kühl, und ihm fielen Stonewall Jacksons letzte Worte ein: »Lasst uns den Fluss überqueren und im Schatten der Bäume rasten.« Die Bürgerkriegsgeneräle hatten offenbar ganz plötzlich bemerkt, wie müde sie waren – Lee, der bis zur Unkenntlichkeit geschrumpft war, Grant, der am Ende seines Lebens wie ein Besessener seine Memoiren schrieb.

Der Bus enttäuschte ihn nicht: Es war nur ein einziger Mitpassagier im Obergeschoss. Ganze Straßenzüge hindurch wischten die grünen Zweige an jedem einzelnen Busfenster entlang. Wahrscheinlich würde man sie zurückschneiden müssen, eigentlich schade. Es gab so viel zu sehen. Er versuchte, die Farbe einer Häuserzeile zu definieren, doch ihm fiel nur ein alter Abendumhang seiner Mutter ein, der voller Schattierungen gewesen war und sich doch keiner zuordnen ließ, ein bloßer Reflektor. Von irgendwo erklangen Kirchenglocken, die *Venite adoremus* spielten, und er wunderte sich, denn es waren noch acht Monate bis Weihnachten. Er mochte keine Glocken, obwohl es sehr bewegend gewesen war, als sie bei dem Begräbnis des Gouverneurs *Maryland, My Maryland* gespielt hatten.

Auf dem Footballspielfeld des Colleges arbeiteten Männer mit Walzen, und ihm kam der Titel für eine Erzählung in den Sinn: »Rasenmeister« oder aber »Das Gras wächst«, etwas über einen Mann, der jahrelang den Rasen walzt und sich abrackert, damit sein Sohn einst aufs College gehen und dort Football spielen kann. Doch der Sohn stirbt in jungen Jahren, und der Mann arbeitet auf dem Friedhof und legt Rasen über seinen Sohn statt unter dessen Füße. Es wäre ein Text, wie sie oft in Anthologien stehen, nichts für ihn – nichts als gefühlsduselige Antithetik, so konventionell wie eine Illustriertengeschichte und leicht zu schreiben. Viele Leute würden sie sicherlich für hervorragend halten, weil sie Tiefgang hätte, melancholisch wäre und nicht schwer zu verstehen.

Der Bus fuhr an einem Bahnhof aus hellem Stein und in griechischem Stil vorbei, den die blauen Kittel und roten Mützen der Gepäckträger vor dem Eingang belebten. Die Straße verengte sich, wo das Geschäftsviertel begann und auf einmal bunt gekleidete Mädchen zu sehen waren, allesamt sehr hübsch – es kam ihm vor, als hätte er nie zuvor so hübsche Mädchen gesehen. Männer gab es auch, doch sie wirkten eher albern, ähnlich wie er, wenn er sich im Spiegel betrachtete, und es gab alte unscheinbare Frauen, und dann gab es auf einmal auch abstoßende Gesichter unter den Mädchen, doch insgesamt waren sie reizend, zwischen sechs und dreißig Jahre alt und bunt gekleidet, die Mienen frei von Plänen oder Sorgen und von bezaubernder Schwerelosigkeit, herausfordernd und heiter. Für einen Augenblick liebte er das Leben mit schmerzlicher Intensität, klammerte sich mit aller Kraft daran. Vielleicht war es ein Fehler gewesen, so früh nach draußen zu gehen.

Er verließ den Bus, hielt sich unterwegs überall vorsichtig am Geländer fest und ging so einen Häuserblock weit bis zum Barbier des Hotels. Er kam an einem Sportgeschäft vorbei und sah gleichgültig in die Auslage, bis sein Blick auf einen Baseballhandschuh fiel, dessen Handfläche sich schon dunkel verfärbt hatte. Nebenan war ein Herrenausstatter; vor dessen Auslage blieb er lange stehen und betrachtete die dunkelfarbenen Hemden und die mit Karo- und Schottenmuster. Vor zehn Jahren hatten er und ein paar Freunde an der Riviera im Sommer dunkelblaue Arbeiterhemden gekauft und damit offenbar diese Mode eingeleitet. Die karierten Hemden sahen hübsch aus, so schmuck wie Uniformen, und er wünschte, er wäre zwanzig und auf dem Weg zu einem Strandclub, herausgeputzt wie ein Sonnenuntergang bei Turner oder eine Morgendämmerung von Guido Reni.

Der Barbiersalon war groß, glitzernd und parfümiert. Es war mehrere Monate her, dass der Autor zuletzt hergekommen war, und er erfuhr, dass sein gewohnter Barbier mit Arthritis darniederlag; deshalb erklärte er dem Neuen, wie mit dem Haarpflegemittel zu verfahren sei, lehnte die angebotene Zeitung ab und saß verhältnismäßig zufrieden da und genoss das körperliche Wohlbefinden, während kräftige Finger seine Kopfhaut massierten und er sich einer angenehm diffusen Erinnerung an alle Barbiere überließ, die er je besucht hatte.

Er hatte einmal eine Geschichte über einen Barbier geschrieben. 1929 hatte der Inhaber seines Lieblingsbarbiersalons in der Stadt, in der er damals wohnte, mit den Finanztipps eines örtlichen Industriellen ein Vermögen von dreihunderttausend Dollar gemacht und dachte, er könne in Ruhestand gehen. Der Schriftsteller hatte keine derartigen Investitionen getätigt, sondern stand im Begriff, sich für einige Jahre nach Europa aufzumachen und all sein Erspartes mitzunehmen. Als er im Herbst jenes Jahres erfuhr, dass der Barbier sein ganzes Vermögen verloren hatte, ließ er sich dazu verleiten, eine Geschichte daraus zu machen: Aufstieg und Fall eines Barbiers – natürlich unter Verwischen aller Spuren. Dennoch bekam er später zu hören, dass die Geschichte am Ort des Geschehens wiedererkannt worden war und einiges Befremden bewirkt hatte.

Die Haarpflege war beendet. Als der Autor ins Hotelfoyer trat, hatte in der Cocktailbar gegenüber eine Kapelle zu spielen begonnen, und er blieb eine Zeit lang in der Tür stehen und hörte zu. Er hatte so lange nicht mehr getanzt, vielleicht zweimal in den letzten fünf Jahren, doch in einer Besprechung seines letzten Buchs war er als jemand dargestellt worden, der Nachtclubs liebte; in derselben Besprechung war er auch als unermüdlich bezeichnet worden. Etwas am Klang dieses Wortes in seinen Gedanken erschütterte ihn mit einem Mal, und er musste sich abwenden, weil er spürte, wie ihm Tränen der Schwäche in die Augen stiegen. Es war wie am Anfang vor fünfzehn Jahren, als man ihn »fataler Leichtfertigkeit« bezichtigt hatte, woraufhin er wie ein Galeerensklave an jedem Satz feilte, um diesem Klischee auf keinen Fall zu entsprechen.

»Ich werde wieder bitter«, sagte er sich. »Das ist gar nicht gut, gar nicht gut – ich muss nach Hause.«

Der Bus ließ lange auf sich warten, doch der Schriftsteller mochte keine Taxis, und er hoffte noch immer, dass er vom Obergeschoss aus auf der Fahrt durch den grünen

Blätterbaldachin des Boulevards etwas Interessantes sehen würde.

Als der Bus schließlich kam, fiel es ihm nicht ganz leicht, die Stufen zu erklimmen, doch es war die Mühe wert. Das Erste, was er erblickte, waren ein Junge und ein Mädchen – Highschoolschüler –, die auf dem hohen Sockel der Lafayette-Statue saßen, völlig selbstvergessen und ganz ineinander versunken. Ihre Weltvergessenheit rührte ihn. Er wusste, dass er das beruflich verwerten konnte, und sei es nur als Kontrastbild zu der zunehmenden Abgeschiedenheit seines eigenen Lebens und der immer mühsameren Erfordernis, eine bereits gründlich ausgequetschte Vergangenheit immer wieder auszuquetschen. Er brauchte eine Aufforstung, das war ihm nur allzu bewusst, und er hoffte, dass sich dem Boden noch ein letzter Ertrag abringen ließ. Es war nie ein besonders fruchtbarer Boden gewesen, denn er hatte schon früh eine Schwäche dafür gehabt anzugeben, statt zuzuhören und zu beobachten.

Da war sein Apartmenthaus; er blickte hinauf zu den Fenstern seiner Wohnung im obersten Stock, bevor er das Haus betrat.

»Der Wohnsitz des erfolgreichen Schriftstellers«, sagte er sich. »Ich frage mich, welche imponierenden Bücher er da oben gerade aus dem Ärmel schüttelt. Muss toll sein, so ein Talent zu haben – sich einfach mit Stift und Papier hinzusetzen. Zu arbeiten, wann es einem passt, zu tun, was einem gerade gefällt.«

Sein Kind war noch nicht zu Hause, aber das Hausmädchen kam aus der Küche und sagte: »Hatten Sie einen netten Nachmittag?«

»Sehr nett«, antwortete er. »Ich war Rollschuh fahren und kegeln und habe mit Man Mountain Dean herumgealbert und mich danach im Türkischen Bad erholt. Irgendwelche Telegramme?«

»Nicht eines.«

»Seien Sie so nett, und bringen Sie mir ein Glas Milch, ja?«

Er ging durch das Esszimmer in sein Arbeitszimmer, für einen Augenblick geblendet vom Glanz seiner zweitausend Bücher im spätnachmittäglichen Sonnenschein. Er war richtig müde; er würde sich für zehn Minuten hinlegen und dann versuchen, in den zwei Stunden vor dem Abendessen auf eine Idee zu kommen.

INGRID NOLL

Glück gehabt

Als ich fünfzehn Jahre alt war, zogen wir ins Rhein-
land. Ich kam in eine neue Schule und war bitter
enttäuscht, denn es war ein konservatives Mädchengym-
nasium, meine Klassenlehrerin war eine Nonne, und zur
damaligen Zeit gab es noch keine Alternative. Daraufhin
floh ich in die innere Emigration und beteiligte mich nicht
am Unterricht. Mein wahres Leben fand zu Hause statt, wo
mich die Familie Buddenbrooks und die Brüder Karama-
sow erwarteten.

Schon bald wurde in meiner neuen Klasse ein Aufsatz geschrieben, und ich erfuhr hocherfreut: Wer fertig ist, darf
nach Hause gehen!

Das musste man mir nicht zweimal sagen. Den wörtlich
gemeinten Rat einer bigotten Mitschülerin mochte ich sowieso nicht beherzigen. Sie empfahl für Anfang und Ende
eines Aufsatzes: Mit Gott fang an, mit Gott hör auf! In
Windeseile fabrizierte ich einen mageren Text, gab meine
Akkordarbeit ab und verschwand.

Genauso rasch wie beim ersten Mal war ich bei der
nächsten Klassenarbeit abgetaucht, während meine Mit-
schülerinnen noch nicht einmal die Hälfte zu Papier gebracht hatten und unruhig wurden.

Das konnte nicht lange gutgehen, unsere Deutschlehrerin nahm mich beim dritten Mal beiseite. »Du bleibst gefälligst hier, bis alle anderen fertig sind! Und du wirst sehen, wie viel besser dein Aufsatz wird, wenn du zuerst ein Konzept ins Unreine schreibst, es durchliest, überdenkst, korrigierst und erst dann ordentlich ins Heft überträgst.«

Ich war stocksauer. Nolens volens musste ich mich fügen und konnte nicht desertieren. Aber als ich mich zähneknirschend an die Überarbeitung machte, musste ich zu meiner Überraschung einsehen, dass es viel zu verbessern gab – und zwar nicht nur Flüchtigkeitsfehler bei Zeichensetzung und Orthografie, auch der Stil und besonders der Inhalt ließen leider sehr zu wünschen übrig. Doch der Aufwand hatte sich tatsächlich gelohnt, denn ich erhielt diesmal eine viel bessere Note. Schwester Anna Gerharda hatte mir signalisiert, dass sie mich trotz meiner Schluderei nicht für unbegabt hielt und eine bessere Leistung erwartete. Allmählich begann ich, sie insgeheim zu mögen. Meine Einsicht, dass die Lehrerin recht hatte, war wohl der Keim, ja vielleicht sogar der Anfang für meine spätere schriftstellerische Laufbahn. Von da an konnte ich nämlich mit guten Deutschnoten die schlechten in Mathe ausgleichen. Wichtiger war allerdings, dass mir das Schreiben von Tag zu Tag mehr Freude machte.

Später hatte ich jahrzehntelang durch eine Fülle alltäglicher Aufgaben kaum Zeit für meine Kreativität. Erst als ich Mitte fünfzig war und unsere Kinder das Haus verließen, konnte ich über ein eigenes Zimmer verfügen. Nach einer kleinen Experimentierphase entstand mein erster Roman.

Kurz darauf lernte ich in Zürich meinen Verleger kennen. Er erklärte mir, wie schwer es sei, berechtigte Kritik in angemessene Worte zu kleiden. »Wenn eine Frau nach monatelanger Schwangerschaft ihr Neugeborenes stolz herumzeigt, wird es wohl niemand übers Herz bringen und ihr sagen: Dein Kind ist leider potthässlich!« In einem solchen Fall half wohl nur höfliche Unaufrichtigkeit.

Nicht nur mir geht es so, dass ich eine vernichtende Zeitungskritik niemals vergesse, auch von Kollegen oder Musikern, Schauspielern und anderen Künstlern weiß ich, wie sehr ein öffentlicher Verriss unter die Haut gehen kann. Eine Hymne im Feuilleton läuft runter wie Honig, gerät aber auch bald wieder in den Hintergrund. Eine Beurteilung, die als ungerecht, verletzend oder gar als bösartig empfunden wird, bleibt dagegen für alle Ewigkeit haften.

Meine Lehrerin hatte damals nicht direkt geäußert, dass mein Aufsatz alles andere als eine Glanzleistung war. Sie meinte nur, ich könne es mit Sicherheit besser machen und hatte damit angedeutet, dass sie an meine Fähigkeiten glaubte. Wie jene rheinische Nonne sollten eigentlich alle Lehrer psychologisch geschult sein, und das gilt ebenso für Verleger und erst recht für Lektoren.

Wahrscheinlich hat fast jeder Autor seine speziellen Schwächen. Es steht mir nicht zu, über Kollegen zu lästern – ich sollte lieber erst einmal vor der eigenen Tür kehren. Einerseits ist meine Fantasie ein Fundus, aus dem ich schöpfe, andererseits aber besteht gerade dadurch die Gefahr, die galoppierenden Pferde nicht zügeln zu können. Müssen es immer gleich mehrere Morde sein, frage ich mich gelegentlich. Teils ist es die Altersmilde, die mich zum allmählichen Reduzieren zwingt, teils ist es der kluge Rat der aufmerksamen Erstleserin, nämlich meiner Lektorin.

Über Geschmack kann man bekanntlich nicht streiten, das gilt besonders für Humor. Da findet jemand einen Witz urkomisch, ein anderer schüttelt mitleidig den Kopf oder ist sogar empört, wettert über Geschmacklosigkeit oder vermisst Political Correctness. Gelegentlich ist es eine Gratwanderung zwischen Kalauer und Witz, zwischen geistreicher Satire und volksnaher Situationskomik den besten Weg zu finden. Auch das Publikum reagiert unterschiedlich. Amüsiert beobachte ich regionale Unterschiede, wo und wann bei einer schrägen Lesestelle keine Miene verzogen oder gelächelt, gegrinst, gelacht oder gar geprustet wird.

Lektoren müssen sich in die unterschiedlichen Temperamente zukünftiger Leser hineinversetzen und letzten Endes darüber entscheiden, was man ihnen zumuten darf. Auf keinen Fall dürfen N-Wörter übersehen werden, die sich unbeabsichtigt eingenistet haben und getilgt werden müssen. Neu ist auch, dass gegendert werden soll, ohne dass der Redefluss darunter leiden darf. Autoren sind hierbei oft überfordert, unsere professionellen Ratgeber müssen sich erbarmen und mit Argusaugen auf alles achten, woran Anstoß genommen werden könnte.

Deswegen gehören sowohl begründete Kritik als auch einfühlsame Änderungsvorschläge zu den Aufgaben der Lektoren. Eine Meisterin dieses Metiers kann beides so formulieren, dass es angenommen wird. Nach dem Motto meiner Lehrerin: Es geht bestimmt noch ein bisschen besser! Motivation ist alles.

Wie sollte man sich die idealen Lektoren also vorstellen? Als Voraussetzung gilt natürlich, dass sie ihr eigentliches Handwerk aus dem Effeff beherrschen. Darüber hinaus sollten sie vor allem empathische Psychologen mit sensiblen Antennen sein. Kritik muss einleuchten, erst dann kann sie dankbar akzeptiert werden. Für Anfänger müssen die Lektoren oft auch als Mentoren fungieren; die jungen Wilden sollten zuerst domestiziert werden. Lob und Tadel, Zuckerbrot und Peitsche sind angesagt. Empfindsame Gemüter wollen getröstet und von ihren permanenten Selbstzweifeln befreit werden. Feinfühlige Lektoren werden den charakteristischen Stil und Humor eines Autors respektieren, auch wenn der eigene Geschmack vielleicht in eine andere Richtung geht. Wie erfahrene Pädagogen geben sie ihren Schützlingen das Gefühl, dass ihr Text es wert ist, optimiert zu werden. Und zu guter Letzt gehören auch hellseherische Fähigkeiten dazu, um den krausen Gedanken der schreibenden Zunft folgen zu können.

Kluge Lektoren, denen man blindlings vertrauen kann, sind kostbarer als Juwelen. Wenn Schriftsteller einen solchen Schatz besitzen, können sie sich glücklich preisen. Als aufsässiger Teenager hätte ich mir nicht träumen lassen, dass ich im reifen Alter noch einen Diamanten finden würde.

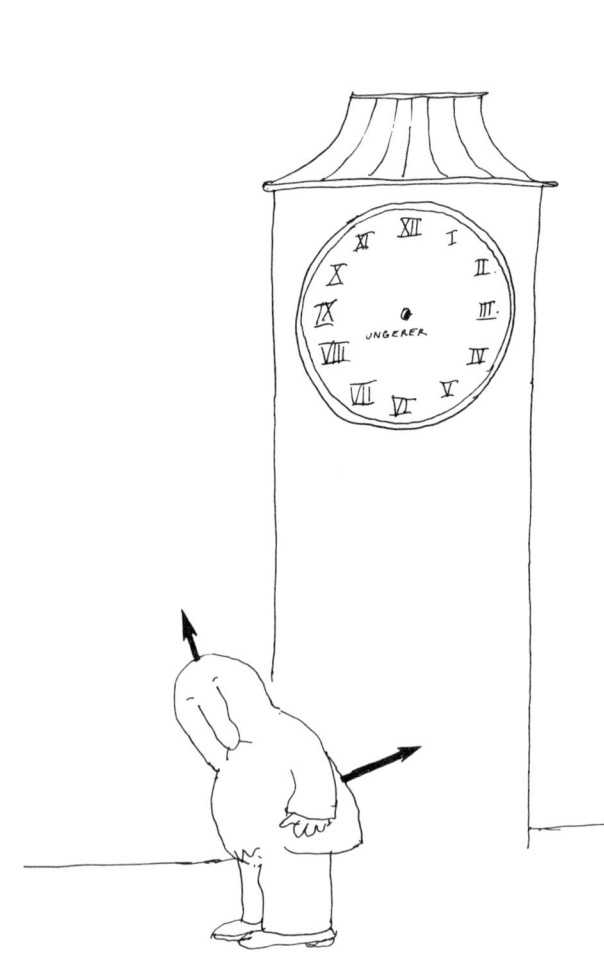

Sein und Zeit

Die Zeiger der Uhr stricken die Zeit.

Las Vegas: *l'être et le néon.*

Die Sekunden beneiden die Stunden,
die Wochen sind eifersüchtig auf die
Jahre, und die Jahrhunderte trauern dem
Augenblick nach.

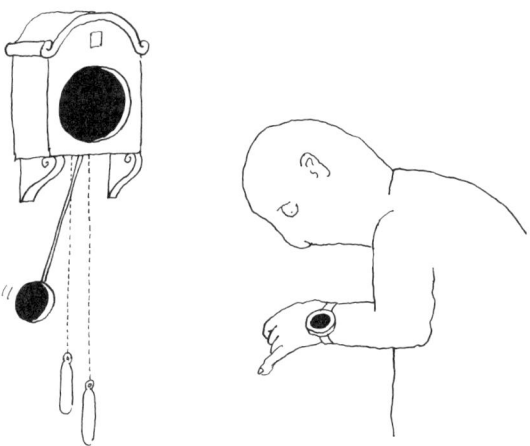

Die Gegenwart ist nur eine vibrierende,
dünne Membran zwischen Vergangenheit
und Zukunft.

Um zu spät zu kommen, braucht man
viel Zeit.

In meinem Wohnzimmer habe ich
eine Uhr ohne Zeiger. Das ist meine Zeit.
Eine gute Sekunde ist Stunden wert.

Morgen ist nachher.

Die Vergangenheit schält sich wie eine
Zwiebel, mit Tränen.

BENEDICT WELLS
Die Lektorin

Die Schriftstellerei ist eine einsame Angelegenheit, Triumphe und Niederlagen werden unbeobachtet am Schreibtisch errungen. Dort beschreitet man Orte, die niemand sonst betreten kann, freundet sich mit Figuren an, die nur in der eigenen Fantasie existieren, und denkt sich Dialoge aus, während man äußerlich schweigt … Kein Wunder also, dass sich so hartnäckig die Vorstellung von zurückgezogenen Autor:innen hält, die vom »stillen Kämmerlein« aus ihre Werke verfassen. Ganz allein.

Und doch ist dieses Bild falsch.

Denn in Wahrheit ist man beim Schreiben dringend auf die Zusammenarbeit mit anderen angewiesen, wenn man sein Talent und seine Stimme zur Gänze entfalten möchte. Ob Agenten, Freunde, Vertraute: Viele von ihnen können einem bei einem Text weiterhelfen. Aber mit etwas Glück findet man auf seinem Weg diese ein, zwei Menschen, bei denen es eine ganz besondere Schwingung gibt – und zu denen über die Jahre hinweg ein symbiotisches, fast magisches Band entsteht …

*

Wir lernten uns im Herbst 2007 kennen, als sie mich von meinem Zürcher Hotel abholte und in den Verlag begleitete. Ich war damals dreiundzwanzig Jahre alt, sah aber aus wie sechzehn und konnte nicht glauben, dass ich gleich die heiligen Hallen des Diogenes Verlags betreten würde. Sie musste darüber schmunzeln, vor allem, als ich Fotos und sogar ein Video vor der Schwelle der Eingangstür machte. Damals kannten wir uns noch kaum und beäugten uns neugierig.

Mein erstes richtiges Lob von ihr bekam ich nach einigen Monaten der Zusammenarbeit an *Becks letzter Sommer,* als sie mich am Telefon ein »Überarbeitungsgenie« nannte. Danach glühten meine Ohren, und ich lächelte sicher noch mehrere Minuten vor mich hin. Zugleich bat ich sie inständig, mich auch zu kritisieren, und zwar so schonungslos und direkt wie möglich. Kurz darauf schrieb sie zu einer Szene in einem anderen Manuskript, sie wäre »einfach Schrott, sorry, dass ich so ehrlich bin. Und zwar richtig schlimmer Schrott.«

Wir verstanden uns.

Auf meiner ersten Tour drohte mir mehrmals das Schicksal, dass niemand zur Lesung kam. Einmal schien es auf der schwäbischen Alb so weit zu sein: Alle Reihen vor mir waren leer, der Veranstalter warf mir einen Blick zu, in dem sowohl Mitleid als auch ein unausgesprochenes »Na vielen Dank, da haben wir ja mal aufs falsche Pferd gesetzt« lag. Bis in letzter Sekunde doch noch eine achtköpfige Seniorengruppe den Raum betrat, die in den folgenden neunzig Minuten allerdings nicht ein einziges Mal reagierte, lachte, hustete oder Fragen stellte (»Wirklich niemand? Keine einzige Frage? ... Okay, ähm, dann mach ich mal weiter«). Sie hätten vermutlich auch keine Miene verzogen, wenn ich irgendwann aus Verzweiflung aus dem Fenster gesprungen wäre, und am Ende zog diese Schar ebenso kommentarlos wieder ab, wie sie gekommen war.

Kurz darauf erwischte es mich dann aber wirklich – als meine Lesung in Stuttgart mangels Nachfrage kurzfristig abgesagt wurde. Ich hätte traurig sein müssen, doch im Nachhinein war es ein Geschenk. Denn in Stuttgart lebte auch sie, und so gingen wir statt auf die Lesung einfach essen und unterhielten uns den ganzen Abend angeregt. Es war der Beginn einer ganz speziellen Freundschaft.

Auch in den folgenden siebzehn Jahren konnte ich mit ihr über alles reden: ob über Literatur, Politik, Kinofilme, Beziehungen, Rückschläge oder Träume. Binnen Sekunden konnten wir von einem Fachgespräch über das Manuskript zu privatesten Themen wechseln. Ich schickte ihr wilde Reiseberichte von meinen Trips nach China und Amerika, kochte bei ihr zu Hause stolz eines der wenigen Gerichte, die ich konnte. Und mit vierundzwanzig schrieb ich ihr verheult vom Amsterdamer Bahnhof, dass meine amerikanische Freundin sich getrennt habe und ich nicht wisse, wie ich die Zugfahrt nach Potsdam überstehen solle, geschweige denn die Lesung am selben Abend.

Sie antwortete mir so liebevoll und tröstend, wie sie es immer tat. Heute ist mir klar, dass sie mich damals auf den letzten Etappen meines Erwachsenwerdens als Autor und Mensch begleitete. Umgekehrt war ich eingeweiht, als sie einen schweren Schicksalsschlag erleben musste. Es berührt mich, dass sie mir trotz meines jungen Alters vertraute und mich immer wieder auch an ihrem Leben teilhaben ließ. Und es bedeutet mir unendlich viel, dass sie später zu den wenigen Menschen gehörte, die nicht nur bei der Beerdigung meines Vaters waren, sondern auch bei der Trauerfeier meiner Mutter im kleinsten Kreis.

Wir können uns lustvoll streiten, manchmal sogar gegenseitig nerven. Hin und wieder musste sie mir auch Grenzen setzen. In den Abgabephasen für ein Manuskript kann ich mich leider in einen manischen, angesichts der Deadline unsicheren Perfektionisten verwandeln, der ständig mit irgendwelchen Kleinigkeiten angerannt kommt. In den frühen Jahren schrieb sie mir daher irgendwann eine gepfefferte Nachricht: »Jetzt ist genug!« Danach schlich ich wochenlang nur noch auf Samtpfoten herum und schickte – neben einer reuigen Entschuldigung – auch erlesene Schweizer Schokolade nach Stuttgart, um den Stress der Buchabgabe zumindest im Nachhinein etwas zu versüßen.

Die Suche nach dem endgültigen Text erfordert Geduld und hat etwas Mäanderndes. Mich machte es selbst wahnsinnig, wenn ich dieser zögerliche Columbo-Typ wurde, der sich im Gehen noch mit einer angeblich »letzten« Frage herumdrehte, zu sprachlichen oder inhaltlichen Details. Auch tat mir die Extraarbeit leid, die ich ihr aufbürdete, als ich meine ersten veröffentlichten Bücher später noch mal überarbeitete. Ganz abgesehen von den mindestens eine Milliarde Mal, die ich sie fragte, welche Variante einer jeweils minimal variierten Textstelle in ihren Augen die stärkste ist: Nummer eins, zwei, drei oder vier … Ich kann nur erahnen, was sie in ihrem Berufsleben alles aushalten musste. Ich selbst wäre einem Nervenzusammenbruch nahe, wenn ich es mit nur *einem* einzigen Autor wie mir zu tun hätte – sie hatte zu Spitzenzeiten gleich ein Dutzend davon.

Nur sie hat die Fähigkeit, mir beim Schreiben den Finger in die Wunde zu legen und sie im selben Moment bereits zu verarzten. In den ersten Jahren redigierte sie meine Manuskripte noch mit Bleistift am ausgedruckten Text, was zu sehnsüchtig erwarteten Kurierlieferungen führte. Zu Hause riss ich das gut verschnürte Paket auf und las atemlos, was sie angestrichen hatte. Heute läuft alles elektronisch ab – aber das ändert nichts an der Tatsache, dass mich wohl kaum jemand so gut kennt wie sie. Denn abgesehen von unserem privaten Austausch; sie hat wirklich fast alles von mir gelesen. Nicht nur die finalen Texte, die veröffentlicht wurden, sondern auch die vielen verworfenen Worte und Gedanken auf dem Weg dorthin. Sie kennt den Autor, der ich nach außen hin wurde, aber auch seinen ständig scheiternden Zwilling, der es nicht geschafft hat. Sie weiß um meine Träume von neuen Geschichten und die Um- und Irrwege meiner Fantasie genauso wie um meine Zweifel und Ängste.

Zwischen dem Verlag und mir steht sie, deshalb kriegt sie meine Texte teils viele Jahre bevor ich sie offiziell an Diogenes schicke. Bei allen großen Entscheidungen telefonieren wir, und nach Manuskriptabgaben gehen wir zur Feier essen und stoßen an. Zusammen mit meinem Agenten ist sie meine wichtigste literarische Vertraute und die erste Kapitänin an Bord, wenn es Stürme zu überstehen gilt. Aber sie ist auch die Stimme der Vernunft und eine starke Gegenposition, an der ich meine Sinne schärfen und auf die ich mich verlassen kann.

Für diesen Text habe ich noch mal einige der Tausenden Nachrichten angeschaut, die wir einander in den vergangenen siebzehn Jahren schrieben. Es hat mich berührt zu sehen, wie leidenschaftlich wir von Anfang an diskutierten, wie liebevoll und interessiert wir einander begegneten, wie hitzig manche unserer Gespräche waren und wie tief oder fast therapeutisch andere. Wie uns im Kern immer unsere Liebe für Geschichten und Literatur verband. Unser Spaß, um einzelne Wörter und kleinste Details zu ringen, endlich das Rätsel eines sperrigen Absatzes zu knacken oder einer Figur auf die Schliche zu kommen. Und unsere gemeinsame Freude, wenn wir für einen Moment verschnaufen durften und das Gefühl hatten, dem Text gerecht geworden zu sein …

Sie war und ist eine Streiterin für das richtige Wort und empathische Zuhörerin, eine kluge Beraterin und Trösterin, eine weise Gegnerin bei vielen Diskussionen und, ja, eine selbstlose Legende. Aber vor allem ist immer auch: eine echte Freundin und Verbündete. Ich bin ihr zutiefst dankbar, denn ich hätte diesen Weg niemals so gehen können ohne sie.

Ohne meine Lektorin.

Stadtplatzleo. Eine Heimatgeschichte

Um das Jahr 1960, vielleicht schon früher, tauchte in Steyr ein bärtiger Mann unbestimmten Alters auf, der aus dem Stadtbild bald nicht mehr wegzudenken war. Er nannte sich Leo, trug sommers wie winters eine fadenscheinige Joppe, auf dem Kopf einen verbeulten Lodenhut, gab sich unverdrossen dem Suff hin, schnorrte bei Bedarf Zigaretten und schlief nachts unter einer Brücke, auf einer Parkbank oder hinter einem Busch am Bergerweg. Tagsüber aber machte Leo sich am Stadtplatz zu schaffen, wo er den Bäuerinnen aus der Umgebung, die zweimal die Woche neben dem Leopoldibrunnen ihren Markt abhielten, beim Auf- und Abbauen der Stände behilflich war und für die Geschäftsleute ringsum Botengänge machte, wobei sie ihm auch höhere Geldbeträge anvertrauten, die er bis auf den letzten Groschen in der Sparkasse ablieferte. Die einen bezahlten ihn in Naturalien, Most, Speck oder Krakauer, die anderen mit ein paar Münzen, die er zwischendurch oder am Nachmittag zum Branntweiner trug. Leo war freundlich, hilfsbereit, harmlos, ein Farbtupfer im grauen Einerlei der Kleinstadt, umschwärmt von Kindern, für die er auf Wunsch Grimassen schnitt, beliebt sogar bei den Polizisten, die ihn suchen gingen, wenn er – was selten vorkam – einmal nicht am Stadtplatz zu sehen war, weil er auf seinem

Nachtlager unter freiem Himmel verschlafen hatte: Wo ist der Leo? Es wird ihm doch nichts passiert sein!

Sein Vorleben blieb unbekannt. Er redete nicht darüber, und man hielt es nicht für nötig, ihn danach zu fragen. Ein paar Leute dichteten ihm, der Tätowierung auf dem linken Unterarm wegen, eine Mitgliedschaft bei der ss an. Der Kommunist Otto Treml hingegen, der von 1971 bis 1990 dem Steyrer Gemeinderat angehörte, hielt ihn für einen Russen, den es als Kriegsgefangenen, Zwangsarbeiter oder Besatzungssoldat hierher verschlagen hatte. Denn zum einen sei Leo von manchen Einheimischen auch Russ' genannt worden, zum andern habe er sich am Stadtplatz besonders gern mit der Frau von Ottos Parteigenossen Karl Burgholzer unterhalten, die dieser Anfang der Dreißigerjahre aus der Sowjetunion mitgebracht hatte.

Als Leo alt und gebrechlich geworden war, wies ihm der Pfarrer von St. Michael, Alexander Kronsteiner, in christlicher Nächstenliebe eine Kammer im Bürgerspital zu. Dort ist er, der laut Meldezettel mit vollem Namen Leopold Kadlitz hieß, in der Nacht auf den 7. Jänner 1991 gestorben. Einige Tage später wurde er auf dem Erdfriedhof am Tabor bestattet. Unbekannt, wer den ansehnlichen Grabstein aus poliertem Granit bezahlt hat – die Stadtgemeinde, die Pfarre, die Steyrer Gewerbetreibenden mittels einer Kollekte? –, und unbekannt ist auch, wer seit damals für die Grabpflege aufkommt und alle zehn Jahre die Gebühr für das Nutzungsrecht entrichtet. Auf dem Stein ist, neben einem Kreuz, seinem Namen, seinem Spitznamen Stadtplatzleo und seinen Lebensdaten, 1913–1991, auch ein Foto des Verstorbenen zu sehen, in Farbe, auf dem er mit zugekniffenen Augen und vom Alkohol gezeichneten Gesichtszügen versonnen lächelnd eine Zigarette raucht.

Ende der Geschichte, vorerst, die einem wegen des in ihr enthaltenen Erbarmens zu Herzen geht.

Und jetzt ihr Anfang: Zehn Jahre vor Leos Ableben hatte sich in Wien Hans Landauer darangemacht, für das Dokumentationsarchiv des österreichischen Widerstandes möglichst viele Unterlagen über alle Österreicher, Frauen wie Männer, zusammenzutragen, die wie er im Spanischen Bürgerkrieg aufseiten der Republik gekämpft hatten. 2005 legte er mit dem »Lexikon der österreichischen Spanienkämpfer« eine Bilanz seiner peniblen Nachforschungen vor. Als Treml Landauers Liste auf der Suche nach den Steyrer Spanienfreiwilligen Name für Name durchging, stieß er zu seiner Überraschung auch auf Leopold Kadlitz: Geboren am 26. Oktober 1913 in Wien, ansässig in Breitenfurt, römisch-katholisch, ledig, von Beruf Maschinenschlosser oder Hilfsarbeiter (hier weichen die Quellen voneinander ab), als Mitglied des Republikanischen Schutzbundes Teilnahme an den Februarkämpfen 1934, Flucht in die Tschechoslowakei, Rückkehr nach Österreich und von dort im August 1937 nach Spanien, wo er im Vierten, dem österreichischen Bataillon der XI. Internationalen Brigade gegen die Faschisten kämpft. Im Dezember desselben Jahres wird er wegen Verwundung oder Krankheit in einer als Lazarett benutzten und nach dem sozialistischen Politiker Álvarez del Vayo benannten Villa im Badeort Benicàssim behandelt. Laut seiner *Característica*, einer Art Dienstbeschreibung durch die Kaderabteilung der Kommunistischen Partei, ist er »politisch zuverlässig. Militärisch nicht besonders, undiszipliniert. Moralisch gut.« Nach der Niederlage der Spanischen Republik flieht Leo im Februar 1939 nach Frankreich, wo er in den Lagern Saint-Cyprien und Gurs interniert wird. Vom 30. November desselben Jahres bis zum 30. Juli 1940 ist er wieder in Breitenfurt gemeldet. In Höflein, einer Ortschaft bei Bruck / Leitha, verliert sich seine Spur.

Ungewiss, Leos Schicksal zwischen diesem Ende seiner Geschichte und dem Anfang der andern. Die Tätowierung, war sie eine Häftlingsnummer, die ihm in Auschwitz gestochen wurde? Aber warum ist er dort nicht registriert? Oder wurde er zur deutschen Wehrmacht eingezogen, geriet in sowjetische Gefangenschaft und kehrte erst Jahre nach Kriegsende nach Österreich zurück, das er als Vagabund durchstreifte, bis er aus unerfindlichen Gründen in Steyr haltmachte?

Es gibt, in Österreich, gar nicht so wenige Denkmäler, Gedenktafeln und Straßennamen, die an Spanienkämpfer erinnern. Das originellste Monument hat freilich die Stadt Steyr einem von ihnen errichtet, im Jahr 2018, als sie den Wochenmarkt nach Leo benannte. Nach Leo Kadlitz, nicht nach dem Leopoldibrunnen, einem architektonischen Wahrzeichen der Stadt, an dem er manche Flasche geleert hat.

Männer

Es war spät geworden. Er traute sich nicht nach Hause. Seit einer halben Stunde versuchte er, einen Brief zu diktieren, aber seine Gedanken schweiften immer wieder ab. Er stand auf und betrachtete sich kritisch im Schrankspiegel: Julius Armbrust, Anfang 40. Er trug einen gut sitzenden Anzug, sah frisch und energisch aus. Keine Schönheit, aber interessant, und er wusste mittlerweile, dass den Frauen eher an den Interessanten als an den Schönen gelegen war. Insgesamt konnte er doch von sich sagen, er sei ein gut aussehender Mann, der ein gewisses Maß an Macht ausstrahlte – »potent« fiel ihm dazu ein. Warum zum Teufel also musste ihm das passieren?

Er setzte sich wieder hin.

»Wir möchten Ihnen daher aufgrund unserer Erfahrungen dringendst zu einer Kartonverpackung Ihrer Produkte raten. Punkt. Renate, schreiben Sie doch bitte diesen dämlichen Brief zu Ende. Wir wollen den Auftrag haben, und das verpacken Sie ein bisschen nett.« Er lachte kurz. »Ich will Ihnen was erzählen ... na, eigentlich was fragen. Ich kenne da einen Mann, der ist seit fast 20 Jahren verheiratet. Nette Frau, vielleicht ein bisschen spießig in Ihren Augen. Nette Kinder. Nettes Haus – na ja, Sie können sich's so etwa vorstellen, so ähnlich wie bei mir. Die beiden hatten sicherlich keine Illusionen von der ewigen Liebe, der großen Leidenschaft, aber sie hatten's ganz hübsch miteinander im Bett, selbst nach 15 Jahren, sie vertrugen sich, das Geld stimmte … Wissen Sie, ich verstehe es einfach nicht, das ist das Problem, es geht nicht in meinen Kopf …«

Julius hielt das Diktafon an, nahm die Kassette heraus, riss wütend an dem Band und spulte es in den Papierkorb.

Sie hatte es ihm beim Frühstücksei erzählt, nicht gestanden, einfach erzählt, so wie sie die Angewohnheit hatte, die Zeitungsnachrichten, die sie gerade zuvor gelesen hatte, zu kommentieren. In der Nacht zuvor hatte er sie beobachtet, wie sie sich auszog, und bei sich gedacht, dein Fleisch wird welk, meine gute Alte.

Er sei so alt wie er. Name? Unwichtig. Beruf? Wisse sie nicht so genau, irgendetwas Künstlerisches, danach habe sie ihn nicht gefragt, das Wichtigste sei doch wohl … Dass er gut im Bett sei? Daraufhin sprach sie nicht mehr von ihm.

Gut, um gerecht zu sein, müsste er sich seiner zahllosen Affären mit Sekretärinnen, Referentinnen und Assistentinnen erinnern, aber er machte da einen klaren Unterschied, weil er von sich wusste, wie wenig ihm diese kurzen, schwülen Bekanntschaften bedeutet hatten; bei ihr, da war er sich sicher, bedeutete es etwas ganz anderes, etwas Tieferes.

Es war heiß, die Stadt leer gefegt, die Ferien hatten angefangen, die Kinder unterwegs in Griechenland und Italien. Er vermisste sie heftig in der unsinnigen Annahme, sie hätten ihn jetzt ein bisschen trösten können.

Er verstand nicht, warum ihm alle Knochen wehtaten vor Schmerz, denn mit der Möglichkeit hatte er doch immerhin gerechnet, hatte sich oft gefragt, wenn sie besonders zärtlich und weich war, ob sie gerade von einem anderen kam.

Paula, meine kleine Hausfrau, nannte er sie in Gedanken. Sie hatte nichts gemein mit dem kühlen Chic der Frauen, die ihn in seinem Beruf umgaben, sie hatte immer etwas leicht Derangiertes an sich, was ihn oft rührte, aber sie hatte Klasse, Stil.

Er war Verpackungsspezialist, ein lächerlicher Beruf, wie er selbst dachte, die Clowns der Industrie, aber das lag ihm, er konnte sehr komisch sein und stand gern im Mittelpunkt. Er entwarf Verpackungskonzepte, und das Geld, das er mit Plastiktüten für Erdnüsse, die er selbst nie aufbekam, mit Faltschachteln, Vakuumdosen und Joghurtbechern verdiente, erschien ihm unangemessen viel, und seit Jahren verspürte er eine gewisse Verachtung für diese Welt, die sich ihre Verpackung so viel kosten ließ.

Sie sitzen beim Abendessen, und er betrachtet ihre weißen Arme, die Falten an den Handgelenken, die feinen Sommersprossen, die kurzen rosa bemalten Fingernägel, und plötzlich hasst er diese feisten Händchen, besonders dieses unschuldige Rosa, er stellt sich ihre Hände vor auf fremdem Männerfleisch, sie erscheinen ihm verlogen und mörderisch. Er muss aufstehen, sieht sie von hinten, ihren breiten, festen Rücken, ihre vollen, rötlichen Haare, von hinten ist sie jung und ungerührt, so verdammt ungerührt. Er mag sie eigentlich gar nicht, nein, er mag sie nicht. Erleichtert setzt er sich wieder hin – und liebt sie über alles.

Ein Kongress in Frankfurt bietet sich an. Er sagt zu, obwohl er keine Lust hat, aber er muss aus dem Haus, sonst erstickt er. Nicht an seiner Verletztheit, sondern an ihrer weichen, fast verzeihenden Art. Es ist allein seine Schuld, dass er sich aufführt wie ein eifersüchtiger Mann aus einem anderen Jahrhundert. Sie packt seine Koffer wie immer. Rückwärts geht er aus der Tür und sieht sie in der Tiefe des Raums stehen, hilflos hängen ihre Arme an ihr herunter, und mit schmerzhafter Präzision erinnert er sich plötzlich an alle Räume, in denen er schon mit ihr gewesen ist, an die miesen kleinen Hotelzimmer ganz am Anfang, an all ihre Wohnungen, die mit der Zeit immer größer und schöner wurden, und es kommt ihm jetzt so vor, als hätte sich damit der Abstand zwischen ihnen immer mehr vergrößert, als müssten sie in einem kalten, dunklen Palast enden, sie am Fenster und er an der Tür, Kilometer zwischen ihnen, und keine menschliche Stimme kann diese Räume noch durchdringen.

Zwei Stunden fuhr er sinn- und ziellos durch die Stadt und kehrte dann zurück zu ihrem schmucken Haus im Grünen, parkte das Auto um die Ecke und versteckte sich gegenüber im Garten der Feichingers, die verreist waren, hinter der Hecke. Er kommt sich vor wie ein dummer, kleiner Junge, der sich beim Versteckspiel so gut versteckt hat, dass ihn keiner findet, und der Herzklopfen bekommt, weil die Rufe nach ihm immer schwächer werden: Julius! Julius, wo bist du?, bis sie ganz aufhören, und alles denkt, er wird schon wieder hervorkommen, nein, das bestimmt nicht, verhungern wird er hinter der Hecke, und heiße Tränen laufen ihm über die Backen.

Der andere fährt einen alten Käfer, trägt Jeans und hat halblange Haare, ein Würstchen, ein alt gewordenes Würstchen, ein Nobody in einem hellblauen vw. Aus der Entfernung könnte man denken, Frau Armbrust von gegenüber wird von ihrem Sohn zu einer Fahrt in die Stadt abgeholt, es ist fast rührend, er führt seine Mutter aus, und sie sieht gelassen über seine verkommene Aufmachung hinweg. (Wie kann man mit fast 40 immer noch so aussehen?) Aber sie liegt in seinen Armen, das Kleid rutscht hinauf und entblößt ein paar stämmige, weiße Beine, Paula verträgt keine Sonne, und sie riecht bestimmt nach »Eau de Joy«, das Julius ihr geschenkt hat. Die Beifahrertür geht nur schwer auf, sie rüttelt daran und lacht kindisch, es steht ihr nicht, so zu lachen, sie lacht zu laut, und er, ihr Studentensohn, lächelt ihr zu.

In Frankfurt macht Julius einen Fehler. Sie ist Mitte dreißig vielleicht und Referentin eines Konkurrenzunternehmens, groß, schlank und sportlich, was er nicht ausstehen kann, sie lacht und redet mit jedem und bleibt dabei jedoch kühl, distanziert. Er fängt sie in der Hotelhalle ab, verwickelt sie in ein Fachgespräch, das sie lächelnd abbricht, sie habe für heute genug, er kommt sich ungeschickt und aufdringlich vor, und jetzt kann er sie nicht mehr gehen lassen, er lädt sie zum Essen ein, sie lehnt ab, er dringt in sie, lässt nicht locker, fleht sie schließlich an, und darüber ärgert er sich während des ganzen Essens, obwohl sie charmant und nachsichtig eine unverbindliche Konversation bestreitet, die es ihm ermöglichen soll, seine Fassung zurückzuerlangen. Das macht es nicht besser, im Gegenteil, er hat es sich in den Kopf gesetzt, und es fängt an, ihn langsam von innen zu vergiften; er wird sie heute noch ins Bett bekommen.

Sie wehrt sich nicht, und das ist das eigentlich Schreckliche an der Situation. Sie hat ihn gebeten zu gehen, sie ist nicht hysterisch und zickig geworden, als er sich mit unkontrollierten Küssen auf sie stürzt, nur unendlich gelangweilt sieht sie ihn an, und dann kann er noch nicht einmal, und sie ist ihm behilflich mit einer Hand, an der zwei goldene Armreifen klingeln. Er könnte sie dafür umbringen, und auch das nimmt sie hin, gibt ihm dann Tempotaschentücher, und jetzt würde er sie am liebsten bitten, ihn ins Bett zu bringen und bei ihm zu bleiben, bis er eingeschlafen ist.

In dieser Nacht träumte er zum ersten Mal von dem Fisch. Er lag in einem Rosenbeet, ein großer, grauer, karpfenähnlicher Fisch, seine Haut war zerschürft, er blutete und japste nur noch schwach nach Luft. Julius beugte sich über ihn und hob ihn auf, mit Mühe, er war sehr viel schwerer, als er aussah. Seine Augen glotzten blind, schlapp lag er in Julius' Armen, der ihn vorsichtig aus dem Garten trug, er wurde schwerer und schwerer, die Feichingers, die Küppers, die Kinder der Stickers standen hinter den Zäunen, tuschelten miteinander und zeigten auf ihn. Er murmelte beruhigend auf den Fisch ein und versuchte verzweifelt, sich daran zu erinnern, in welcher Richtung das Meer lag.

Eine endlose Landstraße streckte sich vor ihm aus, Lastwagen donnerten an ihm vorbei, der Fisch war jetzt so schwer, dass er ihn kaum noch tragen konnte, er schleppte sich weiter, geriet in Schlamm und Morast und musste bei jedem Schritt den Gedanken abwehren, den Fisch einfach hinter das nächste Gebüsch zu werfen. Er hatte das Gefühl, diesmal dürfe er nicht scheitern, diese Aufgabe müsse er erfüllen, ein einziges Mal alles richtig und gut machen, und gehorsam ging er weiter.

Weil er vor ihr nichts mehr zu verlieren hat, bittet er sie am nächsten Tag um einen Gefallen. Sie trägt ein elegantes graues Kleid, ist kühl und freundlich, verzeiht ihm nichts, aber erinnert ihn auch nicht an die Peinlichkeit der vergangenen Nacht. Ja, sie schreibt ihm in einer etwas unpersönlichen, zu schönen Handschrift die Zeilen: Julius, Geliebter. Verzeih, dass ich mich nicht gemeldet habe. Ruf mich gleich an, wenn du wieder in der Stadt bist.

Er schlägt als Unterschrift Sandra vor, aber sie rät ihm zu Gabriele. Etwas Unauffälliges sollte es sein, das wirkt glaubwürdiger. Sie gibt ihm noch einen ihrer hellblauen Umschläge, adressiert ihn auf seine Bitte an seine Heimatadresse, drückt ihm den Brief in die Hand und entlässt ihn stumm.

Er schleicht drei Tage später um sein eigenes Haus wie ein Fremder, sucht dann auf Paulas Schreibtisch nach dem dummen, hellblauen Liebesbrief und findet ihn nicht. Das Haus riecht anders, so bildet er es sich ein, nach IHM. Es ist still, er schaut auf seine Füße, ob er mit seinen Schuhen schmutzige Abdrücke auf den hellen Veloursteppich gemacht hat; er könnte sich jetzt einfach ins Bett legen und auf sie warten, er könnte sich in seinen Lieblingssessel setzen, aus dem inzwischen alle Kinder ohne weitere Aufforderung verschwinden, wenn sie ihn mit der Zeitung nahen sehen, er könnte nach den Rosen schauen, die Post durchgehen, er könnte …

Er geht.

Es ist eine billige Pension am Stadtrand, weil er fürchtet, in einem teuren Hotel in der Innenstadt Bekannten zu begegnen, außerdem könnte Paula sein Auto entdecken.

Sein Zimmer hat wild geblümte Tapeten, die ihn schwindlig machen. Einen Fernseher gibt es nicht. Was will er hier? Von hier aus jeden Morgen zur Arbeit fahren? Paula würde ihn dort jeden Tag anrufen. Er hat nichts zu sagen. Er wünscht, er könnte mit einem Schlag aufhören, sie zu lieben, oder viel mehr lieben, als er es wohl tut.

Er braucht es gar nicht vorzutäuschen, er wird tatsächlich krank. Die Wirtin, eine mollige, gutmütige Person, ruft für ihn bei der Arbeit an. Einen Arzt lehnt er ab, er bekommt von ihr kalte Wickel, und bereitwillig versinkt er im Fieber. Einmal bildet er sich ein, Paula stehe an seinem Bett und beuge sich über ihn. Er will sie festhalten, ihr zuflüstern, sie solle doch den dummen Studenten nach Hause schicken, und möchte mit ihr darüber lachen, alles einfach weglachen.

Die Wirtin hilft ihm beim Aufstehen, führt ihn aufs Klo. Im Spiegel sieht er einen alten, hageren Mann. Die Haare fallen ihm über die Ohren – wie lange ist er schon in dieser verdammten Pension? Seine Nase sticht spitz aus seinem Gesicht, seine Haut ist gelb und faltig, Erfolg und Macht sind von ihm abgefallen, das sieht er ganz deutlich.

Wieder träumt er von dem Fisch. Er ist warm, der Fisch glitschig-kalt, und er überlegt, wie er ihm von seiner Körperwärme abgeben kann, und denkt im Traum, wie blöd, das ist ganz in Ordnung für einen Fisch, so kalt zu sein.

Nach drei Wochen kann er zum ersten Mal aufstehen. Die teuren Maßanzüge hängen an ihm herunter wie Säcke, aber es ist nicht nur sein Körper, der nicht mehr in sie hineinpasst, sein Gesicht will nicht mehr zu ihnen gehören.

Paula kommt ihm jetzt vor wie eine Fiktion, er hat sie sich ausgedacht. Aber warum ist er gerade in seinen Fantasien auf diese Frau verfallen? Keine auffallende Schönheit, immer ein bisschen zu dick, stur und manchmal fast penetrant selbstbewusst.

Während er sich mühsam den Bart rasiert, noch glaubt, er sei an seiner völligen Veränderung schuld, kehrt der Schmerz zurück, ganz langsam, aber er fühlt, wie er wieder in seinen Körper einzieht, und er ist ihm unangenehmer als die lange Krankheit.

Er beschloss, nicht nach Hause zurückzukehren, oder jedenfalls nicht so; als Sieger, wenn überhaupt. Was gab es zu gewinnen? Er setzte sich auf sein Bett und starrte die scheußlich geblümte Tapete an, die ihm in seinen Fieberträumen manchmal als wogendes Blumenmeer erschienen war, und plötzlich schien ihm darin das Prinzip seines Lebens verborgen zu sein – er hatte Visionen von den Dingen, weil er sie in ihrer Banalität nicht ertragen konnte. Es dämmerte ihm, dass alles an ihm, an seiner Ehe, an Paula, an seinen Kindern stinknormal war, und plötzlich schmerzte ihn dieser Gedanke mehr als alles andere.

Er musste Paula beruhigen. Der Brief kostete ihn Mühe: »Liebe Paula, ich bin, wie du dir vielleicht schon gedacht hast, in einer wilden Affäre versackt. Nichts Ernstes – wir stehen fast unentschieden, ja? Mach dir keine Sorgen … ich weiß nur noch nicht genau, wann ich nach Hause komme. Lass uns den Sommer nett verbringen. Es ist alles ganz normal. Dein alter Julius küsst dich auf seine Lieblingsstelle.«

Er fuhr 300 Kilometer in die nächste Großstadt, um den Brief aufzugeben. Er würde kämpfen wie ein alter Ritter, und dieser Gedanke gefiel ihm.

Bis auf Weiteres wollte er in der Pension wohnen bleiben. Sein Auto verkaufte er, weil er fürchtete, sich sonst zu verraten. Auf dem Fahrrad fuhr er durch die Stadt, an ihrem Friseur vorbei, an ihrer Bank, ihrem Lieblingsrestaurant, ihrem bevorzugten Modegeschäft, rastlos, bis er müde war.

Paula saß mit IHM in einem Café, und Julius rechnete es ihr hoch an, dass sie einen Ort gewählt hatte, wo sie mit ihm nie gewesen war. Sie hatte eine neue Frisur, er trug Jeans und ein zerknittertes Hemd, wie gehabt. Sie hielten sich an den Händen, tauschten flüchtige Küsse, die Gewöhnung und Vertrautheit verrieten. Julius sah, wie sie für beide zahlte, und eine Welle von blindem Hass stieg in ihm auf.

Zweimal sah er jemanden aus der Firma, aber sie gingen achtlos an ihm vorbei, es war, als trüge er plötzlich eine

Tarnkappe. Hatten sie schon seinen Schreibtisch geräumt, die Fotos von Paula und den Kindern und die Zeichnungen, die er während langatmiger Telefonate machte, in einer Plastiktüte verschwinden lassen? Es gab ihn eigentlich schon gar nicht mehr, und zum ersten Mal seit Wochen grinste er, fasste sich an die Mundwinkel, so ungewohnt war es.

Die beiden trafen sich fast jeden Tag. Gewöhnlich holte Paula ihn in ihrem Golf ab (falsch – war sein Golf, den er ihr zu ihrem 35. Geburtstag geschenkt hatte), manchmal fuhren sie wohl ins Grüne, dann verlor Julius sehr bald ihre Spur, blieb abgeschlagen auf der Ausfallstraße zurück. Oft gingen sie in Restaurants, ins Kino. Nie zu ihm nach Hause, Julius' Bett war wohl weicher, aber oft setzte sie ihn auch vor einem Jugendstilhaus ab, und Julius konnte sich lebhaft seine Wohnung vorstellen, Altbau, riesengroß und leicht heruntergekommen. Sie küssten sich lange im Auto. Julius ertrug es bis zur endlich letzten Umarmung.

Häufig versuchte er, sich Paula allein in ihrem Haus vorzustellen, was ihm jedoch misslang. Was machte sie dort ganz allein? In seiner Erinnerung gab es nur Bilder von ihnen beiden zusammen, und er hätte sie gern in ihrer Einsamkeit beobachtet, spielte mit dem Gedanken, nachts durch den Garten zu schleichen und zum Fenster hineinzusehen, aber er fürchtete, entdeckt zu werden und ein für alle Mal sein Gesicht zu verlieren.

Er machte es sich zur Regel, mindestens dreimal am Tag an der Wohnung des anderen vorbeizuradeln, und dabei geschah es, dass er von der gegenüberliegenden Straßenseite beobachtete, wie der »Student«, wie er ihn in Gedanken abfällig nannte, einer jungen Frau um die 30 Möbel und Bücherkisten auf die Straße trug, die diese in einem vw-Bus verstaute. Als sie dann anfing zu weinen, konnte Julius sich denken, wer diese Frau war und dass mit ihrem Auszug deutliche Zeichen gesetzt wurden.

Julius gab seine Anzüge allesamt der Kleidersammlung, kaufte sich alte, verwaschene Jeans auf dem Flohmarkt, bunte, billige Hemden, Turnschuhe, seine Haare fielen ihm mittlerweile fast bis auf die Schultern, er hörte auf, sich zu rasieren, was ihm äußerst unangenehm war. Als er sich dann im Spiegel sah, kamen ihm doch fast die Tränen, weil er sich seiner Lächerlichkeit mit so großer Kälte und Klarheit bewusst war. Gäbe es nicht sein Gesicht, so könnte er jetzt von sich selbst glauben, die letzten 20 Jahre einfach nicht gelebt zu haben, so hatte er ausgesehen, als er sein Studium an der Kunstakademie abgebrochen und sich mit Genuss in die Welt der Maßanzüge und klaren Maßstäbe geworfen hatte. Er hatte keine Probleme gehabt, sich anzupassen, im Gegenteil, zielstrebig und mit dem Ehrgeiz eines Schauspielers lernte er die neuen Regeln, und da er in Turnschuhen und Jeans auch nicht mehr er selbst gewesen war als mit Schlips und Kreditkarte, kam ihm nie der Gedanke von Verrat.

Von nun an bewegte er sich schwindelfrei. Er ließ den anderen nicht mehr aus den Augen, verfolgte ihn zu der Anzeigenredaktion einer Stadtzeitung und war wohl der Erste, der sich meldete: Zimmer in großer Wohnung abzugeben, 380 inkl., 772561 Stefan. Der Name bereitete ihm Übelkeit.

Hatte Paula Stefan vielleicht alte Familienfotos gezeigt –

nein, so geschmacklos war sie nicht, und da Julius sich selbst kaum wiedererkannte, machte er sich darüber keine Gedanken.

Es war tatsächlich eine große, helle Altbauwohnung, sein Zimmer hatte sogar einen kleinen Balkon. Er besorgte sich eine Matratze und genoss das Gefühl, nichts zu besitzen, an weiße Wände zu starren und nicht er selbst zu sein. Er fühlte sich wie im Exil.

Stefan war freundlich und quatschte ihm zu viel. Julius hätte ihn gern erschlagen, stattdessen betrachtete er ihn mit großem Erstaunen und konnte sich Paula nicht in seinen Armen vorstellen.

Gleich am zweiten Tag lauschte er auf Stefans Gang zum Bad, zog sich die Unterhose an und riss, als hätte er nicht bemerkt, dass das Bad besetzt war, die Tür auf. Gut, er war vielleicht muskulöser als Julius, stärker behaart (hatte Paula am Strand nicht immer gesagt, sie könne diese behaarten Affen nicht ausstehen?), aber ansonsten hatte er nun wirklich nicht viel zu bieten. Julius war beruhigt, murmelte »Entschuldigung« und verschwand in seinem Zimmer.

Stefan bestand auf »Gemeinschaftsleben«, und so frühstückten sie spät zusammen, sahen fern und kochten sich ihr Abendessen. Julius brauchte Stefan nichts zu fragen, er beobachtete ihn ganz ruhig und machte sich sein Bild von ihm. Stefan dagegen fragte ihm ein Loch in den Bauch.

In langen, schlaflosen Nächten hatte Julius seine Biografie bis ins Detail ausgearbeitet. Ehemals Kunsterzieher, später freiberuflich mit viel Erfolg als Grafiker tätig, jetzt ohne Arbeit und neu in der Stadt, er müsse sich verändern, mal wieder zurückschrauben, ganz von vorn beginnen. »Eine unglückliche Liebe?«, fragte Stefan wissend, »ja, das auch«, gab Julius zu, da sei so einiges in die Brüche gegangen.

Mit Bedacht hatte er sich einen beruflichen Werdegang ausgesucht, der in eine künstlerische Richtung ging – das war schließlich das Einzige, was er von Stefan wusste, und richtig geraten, darauf biss er sofort an, er hatte eine Ausbildung als Grafikdesigner hinter sich und arbeitete jetzt als Illustrator für Magazine.

Ausführlich klagte Stefan ihm sein Leid über die schlechte Auftragslage, und wie leid er es sei, sich dem Stil mediokrer Art-directors anzupassen. Julius antwortete darauf, Anpassung sei das halbe Leben, man müsse das nur mit einem gewissen Sportsgeist angehen. Stefans Larmoyanz ging ihm auf die Nerven, er habe seine Utopie verloren, beklagte er. »Welche Utopie?«, fragte Julius. »Die einer besseren Welt, einer Welt, die nicht ausschließlich nach den Regeln des Kapitalismus funktioniert.« – »Eine Welt, in der die Versager die heimlichen Gewinner sind, ja? Weil sie die ›besseren‹ Menschen sind?« Sie stritten bis in die frühen Morgen, dann gestand Stefan ihm, dass er von einem Porsche träume.

Als Julius dann im Bett lag und beobachtete, wie die grauen Wände sich in der aufsteigenden Sonne langsam rosa färbten und schließlich wieder nüchtern weiß wurden, stieg ein zuerst nebelhafter Gedanke in ihm auf, der sich wie unter Zeitraffer immer mehr verdichtete und schließlich zu einer klaren, simplen Idee wurde. Er schlief ein.

Wenn Stefan aus dem Haus ging, war Julius sich sicher, dass er Paula treffen würde, aber er verkniff sich, ihm zu folgen. Er wanderte durch die Räume, durchsuchte Stefans

Zimmer, rümpfte die Nase über seine Zeichnungen, stieß auf einen Schuhkarton mit alten Fotos, die genauso gut die seinen hätten sein können. Stefan auf Demonstrationen, in Wohngemeinschaften, in Griechenland, vor 15, 16 Jahren vielleicht, ein glattes Babygesicht, umrahmt von sorgfältig shampoonierten Haaren, Mädchen im Arm, die allesamt älter aussahen als er, und Julius erinnerte sich an Paula, die er auf einem Unifest kennengelernt hatte; sie verlor ihr Haarteil beim Knutschen, er sah ihr ernstes Gesicht vor sich, normalerweise bedeckt mit einer dicken rosa Paste, das redete er ihr später aus; ihr Traum, die Welt zu retten, was er rührend fand.

Er hatte sich nie mit anderen Studenten wirklich zu Hause gefühlt, er war ein Clown gewesen ohne politisches Bewusstsein, aber in Gesprächen mit Stefan ließ er die entscheidenden Namen aus jener Zeit fallen, sodass Stefan überzeugt war, auch er sei ein »alter Kämpfer« gewesen, und gemeinsam begossen sie den Niedergang ihrer Ideale. Julius war gerührt über Stefans Zutraulichkeit. Wie ein Hund wedelte Stefan über jede freundliche Geste mit dem Schwanz. Julius machte auf ihn ganz offensichtlich den Eindruck eines Mannes von Welt, der freiwillig auf Ansehen und Luxus verzichtete, um nicht vom Kommerz verschluckt zu werden. Er ließ Stefan in dem Glauben, genoss sogar seine Bewunderung, aber es machte ihn auch seltsam traurig, und er verstand nicht ganz, warum.

Wenn er über sich, den neuen Julius sprach, bestaunte er dessen klare, unbestechliche Haltung, der Mann wusste, was er wollte, er schien ein genaues Bild von sich zu haben. Julius begann, sich über seine neue Existenz zu ärgern, seine alte kam ihm dagegen schäbig und korrupt vor, er mochte die Moral des neuen Herrn nicht, aber es blieb ihm nichts weiter übrig, als sie zu bekräftigen und zu verteidigen.

Er begann, für Stefan zu kochen und ihn aufzufordern, mehr zu arbeiten. Er brachte ihm Tee in sein Zimmer, wo er ihn über seine Zeichnungen gebeugt fand, und er sprach ihm Mut zu. Er überraschte sich selbst dabei, dass er es zuweilen ernst meinte, ehrlich um Stefan bemüht war, ihn doch aber eigentlich unnütz fand wie einen Pickel, ihn ausquetschen und verschwinden lassen wollte. »Wächst er mir ans Herz?«, dachte er erschrocken, »bekommt mein Herz einen Pickel?«

Er fühlte sich durch Stefans Gegenwart wie verseucht, und er forderte ihn auf, mit ihm gemeinsam Sport zu treiben, und wie die kleinen Jungen gingen sie von nun an »spielen«, wie sie es nannten, rannten 45 Minuten um die Häuserblocks, balgten sich auf dem Rasen, fast zärtlich, obwohl Julius dabei manchmal daran dachte, Stefan einfach k. o. zu schlagen.

Er ärgerte sich über dessen Schlaffheit, seine Unentschiedenheit und relative Freiheit fern von all den Zwängen, die er gewohnt war, und manchmal kam er sich mit ihm vor wie mit seinen Söhnen, die ihn zum Wahnsinn getrieben hatten, wenn sie bis spät in den Tag hinein schliefen, dann im Wohnzimmer herumhingen und Comics lasen. Er fühlte sich bedroht durch das Chaos, und er entwarf einen straffen Zeitplan für Stefan, begutachtete seine Illustrationen und riet ihm zu mehr Mut, mehr Frechheit, ja, mehr Clownerie.

Er erzog ihn zu Verachtung.

Stefan blühte unter seinen Händen auf. Er kleidete sich sorgfältiger, ernährte sich gesünder, wurde fleißiger, und seine Laune besserte sich. Er hatte jetzt weniger Zeit für seine »Zweierkiste«, wie er sich ausdrückte. Julius fragte nicht weiter nach, er war sich sicher, dass Stefan irgendwann sein gesamtes Liebesleben vor ihm ausbreiten würde, und mit nervöser Spannung wartete er auf diesen Moment.

Mit unerwarteter Verletztheit reagierte er dann jedoch auf Stefans Bitte, am kommenden Dienstagabend ins Kino zu gehen und danach vielleicht noch anstandshalber ein, zwei Stunden in einer Kneipe zu verbringen, denn seine derzeitige »Beziehung« – und für dieses Wort hätte Julius ihn ohrfeigen mögen – bestehe darauf zu sehen, wie er lebe.

Er läuft durch die Straßen, unfähig, länger als 10 Minuten in einer Kneipe zu sitzen, eine Flasche Whisky hat er in der letzten erstanden, immer kleinere Kreise zieht er um Stefans Wohnung, und in wüsten Rachefantasien malt er sich aus, wie er die beiden im Bett überrascht, Stefan ersticht, Paula verprügelt und endlich dieser Farce ein Ende bereitet.

Was ihn davon wirklich abhält, ist die Vorstellung von Paulas Reaktion: Ruhig würde sie ihn ansehen, sogar lächeln vielleicht, und sagen: Julius, spiel dich doch bitte nicht auf.

Es hatte lange gedauert, bis sie ihn entlarvt hatte, entlarvt war vielleicht das falsche Wort, denn bis heute hatte er störrisch auf seinen Geschichten beharrt, obwohl sie durch

nichts zu belegen waren. Als er klein war, hatte man ihn des
»Flunkerns« bezichtigt, er selbst mochte das Wort »fan-
tasievoll« entschieden lieber, und das war ihm gerade in seinem Beruf immer wieder bestätigt worden, »der Armbrust
hat wirklich Fantasie«. Für seine erste Freundin war er ein
armes Waisenkind gewesen, bis sie ihn mit seiner Mutter
beim Einkaufen sah, für Paula waren seine Geschichten
später raffinierter und charmanter ausgefallen, ein zwar
hochbegabter, aber ausgeflippter Kunststudent war er, mit
Kontakten zur K 1 und massenhaft Frauenbekanntschaften,
und all seine Fantasien erzählten von einem Tausendsassa,
der im Grunde seines Herzens jedoch ein Einzelgänger, ein
einsamer Wolf war. Das war nicht mal falsch, so sorgfältig
hatte er diese Eigenschaften erfunden, dass er irgendwann
selbst an sie glaubte und danach handelte, obwohl er gleichzeitig auch wusste, dass seine gesamte Existenz auf Bluff
aufgebaut war. Er war einfach schneller als die anderen, ließ
sich die Haare lang wachsen, als es noch kein anderer tat,
fuhr als Erster nach Algerien und tauschte Nyltesthemden
gegen Haschisch, beherrschte die gängige Politsprache so
souverän, dass er fast in Gefahr geriet, zum Fachschafts-
sprecher gewählt zu werden, und mit Erstaunen registrierte
er die Konsequenz seiner Chamäleonseele: Er wurde zum
Tausendsassa.

Mit der Zeit kam ihm jegliches Pathos abhanden, weil er
sich selbst nicht ernst nahm, und er verachtete jeden, der
es tat, Leute wie Stefan zum Beispiel, aber auch Paula, die
doch so gar nichts zu bieten hatte. Das war gemein, und er
schämte sich augenblicklich für diesen Gedanken.

Er kommt erst am frühen Morgen zurück und findet Stefan in der Küche, zutiefst deprimiert.

»Na, war's schön?«, bringt Julius fertig zu fragen.

»Du wirst es nicht glauben. Wir haben den ganzen Abend hier gesessen, und sie hat mir von ihrem Mann erzählt.«

»Von ihrem Mann?«

»Ja, ein erfolgreicher, bourgeoiser Stinker.«

»Oh. Und was noch?«

»Ich weiß nicht mehr. Was interessiert mich ihr Mann? Er treibt sich mit einer Geliebten herum.«

»Na«, hört Julius sich sagen, »dann ist doch alles in Butter. Oder … oder liebt sie ihn noch?«

»Nein, ich glaube nicht. Er sei ein Kindskopf, aber das hat sie immerhin sehr zärtlich gesagt. Muss ein ziemliches Arschloch sein.«

»Wieso?«

»Sie wirkt so ausgehungert … als hätte sie die letzten 20 Jahre keinen Mann mehr im Bett gehabt, deshalb.«

»Aha. Und jetzt … jetzt liebt sie dich?«

»Vielleicht. Ich weiß es nicht. Aber sie ist so entsetzlich bestimmt, so ohne Zweifel … «

»Ja, das ist sie.«

»Wieso sagst du das?«

»Oh, es klingt so. Wie sie mit dir umspringt.«

»Findest du auch, was? Sie bestimmt, wann ich sie sehen darf, wann wir … dabei ist sie so spießig.«

»Was willst du dann mit ihr?«

»Kann ich dir nicht erklären. Ist mir fast peinlich, aber ich glaube, sie ist die Frau meines Lebens.«

»Was für ein Leben würdest du denn mit ihr führen?«

»Eben. Das ist es.«

»Das ist doch nicht deine Welt.«

»Aber sie könnte es sein.«

»Niemals«, sagt Julius entschieden und kocht Stefan einen Kaffee.

»Weißt du, sie sagt, ich sei so schüchtern und bescheiden, so aufrecht und … und ein Mann von einem anderen Planeten.«

»Hört sich ja grauenhaft an.«

»Ja, das tut es. Es klingt impotent, wenn du mich fragst.«

Julius rührte Stefan zwei Löffel Zucker in den Kaffee. Wie konnte Paula auf diesen traurigen Versager verfallen? Eben weil er ein Versager war? Dann durfte er keiner mehr sein …

In dieser Nacht träumte er wieder von dem Fisch, fand ihn abermals im Rosenbeet, hob ihn auf und kannte ihn bereits, es war sein Fisch, und diesmal war er federleicht. Er wandte sich um, stand in seinem Garten und sah Paula oben am Fenster, sie nickte ihm zu, erwartete von ihm, dass er den Fisch rettete, und jetzt wusste er plötzlich, in welcher Richtung das Meer lag, und langsam ging er durch den Garten auf die Straße.

Am nächsten Tag machte Julius telefonisch einen Termin mit dem PR-Chef eines Konkurrenzunternehmens aus, er will ihm einen guten, sehr begabten Freund vorbeischicken. Warum er denn nicht selbst komme, ihm sei zu Ohren gekommen, er hätte seinen Job hingeschmissen, aber bevor der andere weiterfragen kann, bittet Julius ihn schnell, seinen Namen aus dem Spiel zu lassen, er habe da private Gründe, und hängt ein. Er kennt den Mann von gemeinsamen Saufgelagen, und immer wieder hatte er versucht, Julius abzuwerben, und ihm schließlich den Spitznamen »der Unerbittliche« verpasst, das gefiel Julius.

Zusammen mit Stefan stellt er eine Mappe seiner Zeichnungen zusammen, schreibt ihm ein Empfehlungsschreiben, lobt ihn in den höchsten Tönen, findet die richtigen Worte für seine Spontaneität, überschäumende Fantasie und seine Schwierigkeiten, sich »künstlerisch« einzufügen. Das ist wichtig, man darf nicht unkompliziert sein, man ist doch immerhin ein Künstler mit einer empfindlichen Seele.

Als er Stefan dann blass vor sich stehen sieht, in Jeans und zerknittertem Hemd, die Mappe unter dem Arm, weiß Julius, dass er so niemals eine Chance hat, es liegt an seiner Erscheinung, die von vornherein um Verzeihung zu bitten scheint.

Er schleppt ihn in ein Herrenbekleidungsgeschäft und rät ihm zu teurem, aber leicht ausgeflipptem Chic. Eine farbige Lederjacke, darunter ein ganz schlichtes Oberhemd, Leinenhosen, die nach fünf Minuten mäßig zerknittert und nach Arbeit aussehen, aber eben nach nicht zu viel.

Julius bezahlt die Lederjacke. Stefan ist ihm dankbar. Vor dem Spiegel übt er mit ihm ein paar »Clownsnummern«, wie er sich ausdrückt, locker, witzig, als hätte man es nicht nötig, die Herren in ihren langweiligen Büros wollen schließlich ihre Unterhaltung, man muss ihnen Aufregung versprechen, denn das ist es, was sie am meisten vermissen.

Als er Stefan endlich aus dem Haus geschickt hat und allein vorm Spiegel zurückbleibt, in seinen Jeans, dem schmuddeligen T-Shirt, diese grässlichen langen Fransen auf dem Kopf, bekommt er einen ihm unerklärlichen Weinkrampf. Es schüttelt ihn, er legt sich zusammengekrümmt auf den Boden und will gar nicht aufhören zu schluchzen. Er weint seine gesamte Existenz weg, all die Bilder, die er von sich gemacht hat, und als das Weinen endlich schwächer wird, fühlt er sich erleichtert, jung und alt zugleich.

Stefan bekam einen hoch dotierten Job in der Werbeabteilung und stürzte sich mit Verve auf die neue Arbeit. Mit nicht enden wollender Verwunderung beobachtete Julius seine Veränderung. Bald begann er an Julius herumzumäkeln, er solle sich doch auch endlich einen neuen Job suchen und nicht wie eine frustrierte Hausfrau in der Wohnung herumhängen.

Sie sahen sich nur noch selten, obwohl ihm Julius eisern um 7 das Frühstück bereitete, um Stefans Verwandlung beobachten und vielleicht in die richtigen Bahnen lenken zu können, aber das war nicht nötig, mit der Sicherheit eines Schlafwandlers wurde Stefan fast über Nacht zum erfolgreichen Mann in seinen besten Jahren, der weiß, was er vom Leben will, und keine Zweifel duldet. Natürlich hatte er jetzt auch weniger Zeit für Paula, und ab und zu ließ er Sätze fallen wie: Man sollte nicht zu viel Zeit und Gedanken an Frauen verschwenden, sie seien diesen Energieaufwand wirklich nicht wert, und ihr Nutzeffekt sei gleich null.

Dieser neue Mann stieß Julius immer heftiger ab, und er hatte Mühe, sich zu beherrschen.

In der Nacht bevor Stefan ihm eröffnete, er werde sich eine neue Wohnung nehmen, ein teures, großes Appartement mit Terrasse im vornehmsten Stadtteil, träumte Julius abermals vom Fisch. Er ging aufs Meer zu, der Fisch war unerträglich schwer geworden, jeder Schritt wurde zur Qual, aber in der Gewissheit, ihn bald seinem Element übergeben zu können und damit sein Leben zu retten, schleppte Julius sich weiter durch den Sand aufs Wasser zu. Als er dann auf seine Arme sah, sich von dem Fisch verabschieden wollte, waren seine Hände leer, der Fisch war verschwunden, das unerträgliche Gewicht jedoch geblieben. Tiefe Verzweiflung ergriff ihn, und in panischer Angst schüttelte er seine Arme, um das Gewicht loszuwerden. Es gelang ihm nicht. Er erinnerte sich an irgendetwas, das er in der Schule über jemanden mit Gold in der Badewanne gelernt hatte, und langsam ging er ins Meer, tauchte seine Arme ins Wasser, und augenblicklich wurden sie leichter, das zerrende Gewicht verschwand, und plötzlich überglücklich, schwamm er hinaus.

Sie verabschieden sich kühl und sachlich. Eigentlich wollten sie noch einmal zusammen essen gehen, aber Stefan hat keine Zeit, er trifft sich mit der Chefin der Layout-Abteilung, Julius versteht und bedauert es nicht im Geringsten. Mit diesem Mann verbindet ihn nichts mehr, er hat gewonnen. Wenigstens pro forma möchte er ein Siegesgeheul ausstoßen, die Faust möchte er recken, einen Luftsprung möchte er machen, mit hängenden Armen steht er da, und kein Laut kommt ihm über die Lippen.

Er schreibt Stefan ein paar Zeilen zum Abschied, schön war's und viel Erfolg und danke usw. Er verbrennt sie, hinterlässt sie pathetisch als Häufchen Asche in einer Untertasse, die er Stefan auf den Schreibtisch stellt. Schön war's? Er muss verrückt geworden sein.

Er geht zum Friseur, lässt sich Haare und Bart schneiden und beobachtet mit Misstrauen seine Metamorphose. Er weiß nicht so recht, ob er sich über das Wiedersehen mit dem alten Julius freuen soll, irgendetwas ist ihm abhandengekommen, es ist ihm alles so ernst mit einem Mal, und er schüttelt sich wie ein Hund, als er den Laden verlässt.

Er kauft neue Kleider, eine Spur seriöser und weniger chic als zuvor, und als ihm der Verkäufer zu etwas »Jugendlicherem« raten will, brüllt er ihn an, er solle seinen Geschmack für sich behalten.

Er kann doch nicht mit dem Fahrrad vorfahren … Er geht zu Fuß, und da es ihm albern vorkommt, mit dem kleinen Koffer in der Hand die Straße hinunterzugehen, lässt er ihn hinter einer Hecke stehen.

Paula empfängt ihn freudig, ruhig, die Kinder ebenfalls. Nach wenigen Minuten schon ist alles beim Alten. Paula telefoniert mit einer Freundin, die Kinder hören laut Musik, Julius sitzt in seinem Sessel und fragt sich, was er jetzt am besten tun soll. Er sieht sich selbst, wie er da mit übergeschlagenen Beinen sitzt, als warte er auf etwas, er fühlt sich fehl am Platz.

Nachts liegen sie still nebeneinander, fassen sich an den Händen, ganz vorsichtig fragt Julius Paula nach IHM, wie's denn so gehe mit ihnen beiden.

»Ach, weißt du«, sagt Paula, und früher wäre sie jetzt

näher an ihn herangerutscht, »weißt du, ich dachte, er sei ganz anders …«

»Wie anders?«

»Na ja, ein Mann von einem anderen Stern, ohne Haus und Familie, ohne Erfolg und Ärger mit der Steuer, jemand, der ganz frei ist … Aber jetzt hat er einen Job bei Weber und Co., ja, du wirst lachen, ausgerechnet bei denen, und schwapp wurde er wie alle anderen auch …«

»Wie ich, meinst du?«, fragt Julius und bringt es kaum heraus.

»Nein, ganz und gar nicht wie du. Du nimmst es wenigstens nicht ernst. Was ist überhaupt mit deiner Arbeit? Die Firma hat sich die Finger nach dir wund telefoniert. Warst du so verliebt, dass du nicht mehr …«

»Am Anfang vielleicht«, unterbricht Julius sie, »aber dann war sie nur noch geschwätzig, innerlich völlig hohl, ein hübsches Häutchen, nichts weiter.«

»Sehr jung, was?«

»Nein, so alt wie du.«

»Ich weiß nicht, ob's das besser oder schlechter macht.«

Julius nimmt sie in die Arme und sieht über ihre Schulter hinweg seinen Anzug wie eine alte zerknitterte Haut über dem Stuhl hängen.

»Was denkst du?«, fragt sie an seiner Brust.

»Oh, ich denke darüber nach, was ich morgen anziehen werde.«

»Du hast so herrlich normale Gedanken, mein Bester.«

CHRISTIAN SCHÜNEMANN

Am Abend, vor dem Beginn
eines neuen Tages, und am neuen Tag selbst

Nach dem Abendbrot erhob sich mein Vater von seinem Sitzplatz am Esstisch, stieg die Stufen ins Wohnzimmer hinunter und stellte im Vorbeigehen den Fernseher an. Bis er sich gesetzt und die Hausschuhe abgestreift hatte, baute sich auf der Mattscheibe knisternd das Bild auf. Der Raum erfüllte sich mit Stimmen und Melodien, die sich über die Geräusche beim Abräumen und unsere Gespräche legte, die jetzt ohnehin zu einem Ende kamen.

Mein Vater okkupierte mit seiner Körperlänge zwei Sessel und eine Sitzecke, also die gesamte Sofa-Fensterfront, und hatte zur Abpolsterung für den Kopf drei Sofakissen übereinandergeschichtet. Wie er im künstlichen Licht der Wohnzimmerlampe über Stunden nahezu bewegungslos dalag, integrierte er sich mit seiner caramellfarbenen Strickjacke, verwuscheltem Haarschopf und gezwirbeltem Oberlippenbart fast nahtlos in die Sofalandschaft aus braunem Velour und verfilzten Sofakissen, schien langsam darin einzusinken, mit ihr zu verschmelzen und selbst zu einem Sitzelement zu werden.

Die Welt, in die er eintauchte, bestand aus zwei Programmen und einem Ablauf, der in der *Hörzu* übersichtlich abgedruckt und aufgeschlagen auf dem Sessel neben ihm lag, dem angestammten Platz, wo er die farbigen Doppelseiten jederzeit einsehen konnte.

Als wäre plötzlich etwas in ihn gefahren, passierte es von Zeit zu Zeit, dass er ruckartig hochkam, zuerst mit dem Kopf, den platt gedrückten Locken, dann mit dem ganzen Oberkörper. Sein Arm fuhr aus, und mit der Hand schnappte er sich vom Tisch, aus dem Staniolpapier, ein Stück Schokolade.

Aufs Kissen zurückfallend, warf er sich die Süßigkeit in den Mund, wo er sie mit den Zähnen zerknackte, ohne dass er während der gesamten Aktion das Geschehen auf der Mattscheibe auch nur für eine Sekunde aus den Augen gelassen hatte. Sein Blick, sonst oft gedankenverschleiert gesenkt und auf das gerichtet, was vor ihm lag – der Weg, der Teller oder die Zeichnung –, war im flimmernden Licht des Fernsehers und dem Stimmen- und Musikgewirr voller Aufmerksamkeit, hellwach und klar. Mit erhobenem Kinn schaute er geradeaus, und seine Miene spiegelte die ganze Bandbreite an Emotionen wider, die das deutsche Fernsehen über den Abend verteilt bereithielt. Alles konnte mein Vater mimisch darstellen, während er mitfieberte und sein Gesicht sich beim Krimi, während des Showdowns, vor Spannung verzerrte, er mit dem souveränen Lächeln eines Lebemanns dem Star zwischen federngeschmückten Tänzerinnen die Showtreppe hinunterfolgte, und seine Stirn sich in grüblerische Falten legte, nachdem sich die Kapsel über dem Quizkandidat geschlossen hatte, das Studiolicht heruntergefahren und der große Umschlag mit den finalen Fragen geöffnet wurde.

Meine Mutter, zwei Sessel entfernt, auf der anderen Seite der *Hörzu*, bewegte lautlos die Lippen, während sie die Maschen an der Stricknadel zählte. Vor ihr, griffbereit auf dem Marmortisch, stieg von der Zigarette im Aschenbecher der bläuliche Qualm auf. Sie zog abwechselnd an der Zigarette und am Faden, der über ihren Finger zum Sessel rechts verlief, wo aufgereiht, in verschiedenen Farben, die Wollknäule saßen, die stillen, flauschigen Teilnehmer dieser gemütlichen Abendveranstaltung. Lange Zeit sahen die Knäule vollkommen intakt und scheinbar unberührt aus, bis sie plötzlich, von innen ausgehöhlt, in sich zusammenfielen, weil das Fadenende erreicht war.

Meine Mutter beugte sich vor und holte aus dem Strickkorb ein neues Knäuel hervor. »Ich weiß nicht, wie es dir geht.« Sie bohrte mit dem Finger in die Wolle und suchte den Fadenanfang. In ihrer Fernsehbrille spiegelten sich die bunten Bilder von der Mattscheibe und duplizierten sich in den großen Gläsern. »Aber ich könnte noch einen Kaffee vertragen.«

Die Brauen meines Vaters wanderten langsam nach oben, verharrten dort im größtmöglichen Abstand zu seinen weit aufgerissenen Augen und verliehen seinem Gesicht einen überraschten, fast erschrockenen Ausdruck. Die Überraschung und der Schreck bestanden wohl darin, dass meine Mutter sich in einer Angelegenheit geäußert hatte, die von seiner Seite eine Reaktion erforderlich machte.

»Oder lieber einen Tee?« Meine Mutter rümpfte die Nase, breitete auf dem Sessel ihre Strickarbeit aus und legte das Zentimetermaß an.

»Hm?«, kam es jetzt von meinem Vater, wie von einem

Gerät, das mit dem akustischen Signal den Wechsel vom Standby- in den Aufnahmemodus anzeigte.

»Ich glaube«, sagte meine Mutter und strich über die gestrickte Seide mit dem matten Glanz, »ich mache uns noch einen Kaffee.«

Ich wünschte eine gute Nacht. Mein Vater hob automatisch die Hand, und meine Mutter schaute überrascht zur Uhr. Dass der Abend schon so weit fortgeschritten war – damit schien sie nicht gerechnet zu haben.

Als würde sich ein Nebel lichten, begann sich vor ihrem geistigen Auge der nächste Tag mit all seinen Herausforderungen abzuzeichnen, den ungelösten Fragen und Problemen, ungeöffneten und liegen gebliebenen Briefen vom Finanzamt und Anrufen beim Rechtsanwalt, die getätigt werden und Terminen bei Gericht, die wahrgenommen werden mussten. Alles, was nicht mehr hatte geregelt werden können und auf den nächsten Tag hinter den Sendeschluss verlegt worden war, trat plötzlich wieder in den Vordergrund. Mit meiner Mutter ging eine Veränderung vor.

Sie war in diesem Moment entschlossen, den neuen Tag mit frischem Mut und neuer Energie anzugehen und alle Herausforderungen anzunehmen, und zwar der Reihe nach, ganz von vorne. Für diesen Plan musste sie jetzt schon die Weichen stellen, unwiderruflich, wie sie schon so oft die Weichen gestellt hatte, jeden Abend, mit immer demselben Plan und derselben Idee.

»Spatz«, sagte sie und schlug den pragmatischen Ton an, den sie immer anschlug, wenn es um vernünftige Vorschläge ging. »Tu mir doch den Gefallen, und weck mich morgen früh, falls ich den Wecker nicht höre.«

Mit dem Wecker auf dem Nachtschrank meiner Mutter war es so eine Sache. Er tickte nicht, sondern funktionierte lautlos mit Strom, und die Zeiger verschwanden hinter einer aerodynamisch abgeschrägten Scheibe aus Plexiglas, auf das sich Schicht für Schicht der Staub der Federbetten legte, sodass die Zeit dahinter zu einer unklaren Angelegenheit verschwamm.

Der Weckvorgang begann mit einem angenehmen, leisen Schnurren, das über die Minuten lauter wurde und schließlich in einen Krach ausartete, der sich im finalen Stadium anhörte, als ob ein Schlagbohrer in die Mauer getrieben wurde. Der Lärm war so groß, dass im Wohnzimmerschrank, am anderen Ende des Hauses, die Sektgläser klirrten, was sonst nur passierte, wenn Manöver war und die amerikanischen Panzer hinter unserem Grundstück auf der B6 passierten.

Meine Eltern hatten die Fähigkeit entwickelt, den Weckton bei jedem Lautstärkeintervall in ihre Träume zu integrieren und für ihren Schlaf zu nutzen.

Während im Schlafzimmer meiner Eltern der Wecker in seinem finalen Stadium kurz vor dem Zerspringen war, stand ich, wie mir am Abend (und an allen anderen Abenden davor) von meiner Mutter aufgetragen worden war, vor dem Schlafzimmer, drückte die Klinke runter und öffnete die Tür.

Mit dem Lärm schlug mir aus der Dunkelheit wie eine Faust eine Wolke verbrauchter Luft entgegen. Ein schmaler Streifen Licht fiel durch den Spalt der nachlässig zugezogenen Gardine auf die Frisierkommode und den Sessel, der in mehreren Schichten mit den Klamotten meiner Mutter behängt war. Über dem stummen Diener meines Vaters hing nur seine caramellfarbene Strickjacke und eine alte Krawatte, die dort schon so lange baumelte, wie ich denken konnte, und die ich noch nie an ihm gesehen hatte.

In der Schrankwand aus dunklem Holz schimmerten unter einer Lackschicht geheimnisvoll die Maserung und auf der Frisierkommode die trüben Flüssigkeiten der verstaubten Parfümflakons.

»Aufstehen!«, schrie ich in den dunklen Raum und wiederholte den Befehl, bis aus den Kissen und Decken endlich der Arm meiner Mutter hochschnellte und von oben senkrecht auf den Wecker runterfiel.

In der Stille war nur der Atem meines Vaters zu hören.

»Kurz nach sieben«, rief ich und klapperte mit der Türklinke. »Ich sollte doch Bescheid sagen.«

Das Seufzen meiner Mutter war Ausdruck eines tiefen inneren Zwiespalts. Das Pflichtgefühl kämpfte mit dem Schlafbedürfnis, aber nicht lange.

»Weißt du was?«, sagte sie und versuchte, im Halbschlaf den pragmatischen Ton für die vernünftigen Vorschläge zu finden: »Ich bleibe heute mal liegen.«

Ich muss niemandem erklären

Und wieder gab es aus dem Hohen Norden etwas zu erzählen. Detlev von Rosen hatte des Öfteren die Insel Grönland besucht, und es war immer dieselbe Absicht, die ihn dorthin trieb. Er war Philosoph, wollte Gewissheit, wollte wissen, ob die Wirklichkeit, die er nun schon seit Längerem durchlebt hatte, irgendeinem Sinn geschuldet war, und die fortwährende Dämmerung, die unbewegliche Fläche Wassers, der Blick auf eine menschenleere Landschaft, über die man, als würde es sich lohnen, eine kilometerlange Holzbrücke errichtet hatte, dies war die Einsamkeit, die er suchte, und das Einzige, worauf er jedes Mal achtete: Er wollte spätestens im Herbst, keineswegs im Winter, in dieser Gegend unterwegs sein.

›Hier ist es kälter und klarer‹, dachte er und sah, wie der Mond in seiner halben Fülle hinter dem hügeligen Horizont auftauchte und wie die Sterne, auch dies war der Kälte geschuldet, glitzerten.

›Und dahinter‹, dachte von Rosen, ›dahinter könnte man wie die Bewohner einer Raumstation die Unendlichkeit sehen. Aber was wäre damit gewonnen! Und was nützt es mir, wenn man immer wieder behauptet, dass die Wirklichkeit vor dem Urknall anders als die Wirklichkeit nach dem Urknall ausgesehen hat. So oder so, ich gehöre dazu, und es ist ausschließlich dieses Fleckchen Erde, das mir als Lebensraum zugewiesen wurde. Ein Schritt darüber hinaus, und es wäre mir nicht mehr möglich zu atmen.‹

›Überhaupt‹, dachte von Rosen und bemerkte sehr wohl, dass er von diesem Gedanken nicht loskam, ›überhaupt ist das Nichts, aus dem ich komme, und das Nichts, in dem ich wieder verschwinde, ebenjene Wahrheit, die keinerlei Begründung braucht. Aber es ist schwer auszuhalten‹, dachte er und wusste, dass dies bedeutenderen Leuten ebenso ergangen war.

Es waren Vorbilder, über die er geschrieben hatte, wie etwa Heidegger oder Kierkegaard. Bei dem einen bewunderte er die kühle Gelassenheit im Umgang mit dem Nichts, bei dem anderen verstand er sehr wohl, dass er sich ebendieser Konsequenz verweigerte.

Von Rosen zog den Mantel enger, weil er fror.

›Trotzdem‹, dachte er ›man kann sich nicht immer nur mit Tatsachen beschäftigen. Es muss eine Möglichkeit geben, sie zu übersteigen.‹

Und war da nicht über der Wasserfläche, und zwar so entrückt, dass er Mühe hatte, das, was er sah, auch wirklich wahrzunehmen, war da nicht jemand unterwegs, der auf ihn zukam? Aber kaum hatte von Rosen erkannt, dass es eine Frau war, bog sie schon wieder ab, und zwar so schnell, als würde sie sich scheuen, jemandem zu begegnen.

Und merkwürdig: Obwohl von Rosen keinerlei Gründe hatte, weiter darüber nachzudenken, es war ihm nicht unangenehm, hier, auf der Insel Grönland, wo die Sonne im Winter nicht auf- und im Sommer nicht unterging, wo die riesigen Gletscher Mühe hatten abzutauen, um wieder zu gefrieren, es war ihm nicht unangenehm, hier auf jemanden zu treffen, von dem er nicht sagen konnte, ob er sich getäuscht hatte.

›Es lohnt sich‹, dachte von Rosen, ›wenn ich meiner Einbildungskraft freien Lauf lasse. Und wer weiß‹, dachte er, ›vielleicht kann mir das, was ich gestern gesehen habe, bei meiner künftigen Arbeit nützlich sein.‹

Und da war noch etwas, das ihn daran hinderte, die Sache auf sich beruhen zu lassen. Die Frau kam ihm bekannt vor, und er überlegte, ob er sie schon einmal gesehen haben könnte. Vielleicht als Foto in einem Buch.

›Oder war es ein Gemälde?‹, dachte von Rosen.

Er kehrte in die Stadt zurück, wo er eine Wohnung gemietet hatte, und nun sah man, wie er in seinem iPad blätterte. Dies dauerte eine Weile, dann hatte er etwas gefunden, etwas, das ihn veranlasste, am nächsten Morgen wieder am Wasser zu stehen. Er knöpfte seinen Mantel auf, zog die Mütze vom Kopf, ging ein paar Schritte in jene Richtung, wo Fußstapfen zu sehen waren, und er sah, dass er sich nicht geirrt hatte, denn tatsächlich: Die Frau tauchte wieder auf. Sie trug wie auf dem Foto ein langes Kleid, der weiße Kragen war geklöppelt, das dunkle Haar nach hinten frisiert, an den Schläfen kringelten sich Löckchen, und die Augen vermittelten den Eindruck, als würden sie etwas suchen.

»Kann ich Ihnen behilflich sein?«

»Ich glaube nicht. Ich bin mit jemandem verabredet, der sich offenbar nicht zeigen will«, sagte sie, und von Rosen überlegte, ob es indiskret wäre, sie nach ihrem Namen zu fragen.

›Ich kenne sie bereits‹, dachte er, ›und ich bin sicher, dass sie es war, die ich beim Herumblättern in meinem iPad entdeckt habe.‹

Ein alter Kater

Als Baron Hulot das Opernhaus betreten wollte, fand er zu seiner großen Überraschung den Musentempel in der Rue Lepelletier unbeleuchtet. Es waren weder Schutzleute noch Dienstmänner zu sehen, auch keine Spur von andrängendem Publikum. Er sah nach der Anschlagsäule und entdeckte ein weißes Plakat; da stand nun geschrieben:

KEINE VORSTELLUNG INFOLGE ERKRANKUNG.

Sofort eilte er zu Josépha, die ganz in der Nähe, nämlich in der Rue Chauchat, wohnte.

»Zu wem wollen Sie, Monsieur?«, fragte der Portier zum großen Erstaunen des Barons.

»Sie scheinen mich wohl nicht mehr zu kennen?«, fragte der Baron und konnte seine Unruhe kaum verbergen.

»Im Gegenteil! Gerade weil ich die Ehre habe, den Herrn Baron zu kennen, erlaube ich mir die Frage.«

Den Baron durchschauerte es eiskalt.

»Was ist denn eigentlich los?«, fragte er.

»Wenn der Herr Baron in Mademoiselle Mirahs Wohnung hinaufginge, würde er dort Mademoiselle Héloïse Brisetout, Monsieur Bixiou, Monsieur Léon de Lora, Monsieur Lousteau, Monsieur de Vernisset, Monsieur Stidmann und mehrere Damen, die recht aufdringlich nach Patschuli duften, antreffen. Sie weihen gerade die neue Wohnung ein.«

»Was, neue Wohnung … wohnt denn Mademoiselle Mirah nicht …«

»Mademoiselle Mirah … ja, ich weiß nicht recht, ob ich Ihnen das so ohne Weiteres sagen darf …« Der Baron drückte dem Kerl ein paar Francs in die Hand. »Na, ja … weil Sie es sind … Also: Mademoiselle Mirah wohnt jetzt in der Rue de la Ville-l'Évêque, in einem Palais, das ihr der Duc d'Hérouville eingerichtet hat«, flüsterte ihm der Portier zu.

Nachdem der Baron sich noch nach der Nummer des Hauses erkundigt hatte, rief er einen Milord heran und fuhr vor einem jener hübschen modernen Häuser, die von raffiniertem Luxus nur so strotzten, vor.

In seinem blauen Tuchrock, der weißen Binde und weißen Weste, seinen Nanking-Beinkleidern, den Lackstiefeln und dem steif gestärkten Hemd vom Portier für einen verspäteten Gast gehalten, konnte er ungehindert eintreten.

Auf das Läuten des Pförtners erschien ein Diener im Treppenhaus, der ebenso neu war wie die ganze Einrichtung. Der Baron reichte ihm in einem Ton, der keinen Widerspruch duldete, seine Karte: »Bring Er sie Mademoiselle Josépha!«

Hulot kam sich vor wie ein Büßer auf der Armesünderbank und schüttelte den Kopf über diesen Aufwand von Kostbarkeiten. Allein die Blumen, die in kostbaren Vasen das Empfangszimmer schmückten, kosteten ein kleines Vermögen.

Nach einer Weile kam der Diener zurück und meldete dem Baron, dass Mademoiselle Josépha ihn bäte, hier einstweilen Platz zu nehmen. Die Herrschaften würden sich bald von der Tafel erheben und den Kaffee einnehmen.

Obgleich der Baron den üppigen Luxus des Kaiserreichs gekannt hatte sowie dessen Schöpfungen, die zwar nur von kurzer Dauer waren, dennoch aber tolle Summen verschlungen hatten, stand er nun doch schier betäubt und wie geblendet in diesem Salon, dessen drei Fenster auf einen märchenhaften Garten hinausgingen, einen jener Gärten, die innerhalb eines Monats mit aufgeschütteter Erde und verpflanzten Blumen hergestellt werden und deren Rasen chemisch hergestellt zu sein scheint. Er bewunderte nicht nur die Erlesenheiten, die Vergoldungen, die kostspieligen Plastiken im sogenannten Pompadour-Stil, die wundervollen Stoffe, lauter Dinge, die jeder gegen einen Haufen Gold hätte kaufen können, sondern vor allem das, was auszuwählen, aufzustöbern, zu bezahlen und zu schenken nur Fürsten befähigt sind: zwei Bilder von Greuze und zwei von Watteau, zwei Porträts von van Dyck, zwei Landschaften von Ruysdael, zwei von Dughet, einen Rembrandt und einen Holbein, einen van Huysum und einen Abraham Mignon, kurzum, zweihunderttausend Franc in Gemälden, wobei die Rahmen fast so wundervoll waren wie die Bilder.

»Na, ist dir jetzt alles klar, mein Bester?«, fragte Josépha.

Sie war auf Zehenspitzen durch eine verborgene Tapetentür über die dicken Perser hereingekommen und sah nun ihren alten Verehrer so verwirrt von all der Pracht, dass ihm die Ohren sausten und er darin den Klang der Totenglocke vernahm.

Josépha, in einer raffinierten Toilette aus gelber und weißer Chinaseide, hatte sich so wundervoll für das Fest geschmückt, dass sie in diesem überschwänglichen Luxus wie eine Perle in einem aus Gold getriebenen Schmuckstück schimmerte.

»Das sind doch fabelhafte Bilder, wie?«, fragte sie. »Ja, da steckt d'Hérouvilles letzter Börsengewinn drin … Er ist nicht dumm, mein kleiner Herzog! Hat den Schwung der Zeit erfasst. Siehst du, so machen die großen Herren der alten Geschlechter jetzt aus Kohle Gold. Kurz vor Tisch brachte mir der Notar den Kaufvertrag von dem ganzen Zauber hier zur Unterschrift. Die Quittung lag gleich dabei. Drüben sind lauter große Herren: d'Esgrignon, Rastignac, Maxime, Lenoncourt, Verneuil, Leginski, Rochefide, La Palférine, auch zwei Bankiers: de Nucingen und du Tillet und mit ihnen Antonia, Malaga, Carabine sowie die Schontz. Und alle haben Mitleid mit dir. Lass es dich aber nicht verdrießen, Alterchen. Du kannst gerne hereinkommen, aber nur unter der Bedingung, dass du gleich hier zwei Pullen auf einmal trinkst. Dann bist du so ungefähr in derselben Stimmung wie meine anderen Gäste. Wir sind hier alle bester Laune. Und da konnte es auch schon ruhig mal eine Absage in der Oper geben. Mein Direktor ist sternhagelvoll. Er – quakt bereits.«

»O Josépha!«, stöhnte der Baron.

»Du wünschst wohl Erklärungen, wie?«, unterbrach sie ihn übermütig. »Hättest du die sechshunderttausend Franc auftreiben können, die dieses Haus ungefähr gekostet hat? Bist du imstande, mir eine Jahresrente von dreißigtausend Franc auszusetzen? Übrigens eine entzückende Idee des

Herzogs; er brachte mir die Verschreibung in einer Bonbonniere mit.«

»Du bist bis in die Fingerspitzen hinein verdorben«, knirschte der Baron, der in diesem Augenblick seiner Wut die Brillanten seiner Frau versetzt hätte, nur um noch vierundzwanzig Stunden anstelle des Herzogs der Galan von Mirah zu sein.

»Es gehört doch zu meinem Beruf, verdorben zu sein«, antwortete sie. »Warum hast du denn keine solchen einträglichen Börsenpapiere gehabt? Meine Güte, mein alter Kater, du solltest mir dankbar sein, dass ich dich beizeiten abgehalftert habe. Sonst hättest du noch deine Madame und deine Tochter verkauft für die Kleinigkeiten, die du so dann und wann mir bringen durftest ... Wie ... Du willst doch nicht etwa hier flennen? Das Kaiserreich geht unter, ich muss dem Kaiserreich Adieu sagen!«

Und indem sie noch wie ein schlechter Komödiant deklamierte: »Man nennt Sie Hulot ... ich kenne Sie nicht mehr!« drehte sie ihm den Rücken zu und verschwand.

Durch die halb offene Tür drang in diesem Moment eine überschäumende Lichterflut, das Crescendo des Lärms und die heiße Lustwoge eines tollen Bacchanals.

In der Tür blickte sich die Sängerin noch einmal um, und als sie sah, dass der Baron wie angewurzelt noch immer auf demselben Fleck stand, kam sie zurück und sagte: »Monsieur ... den üblen Plunder in der Rue Chauchat habe ich der kleinen Héloïse überlassen. Falls Sie aber Ihre Schlafmütze, die Leibbinde, den Stiefelknecht und die Bartwichse abholen wollen, so habe ich verfügt, dass man sie Ihnen zurückgeben soll.«

Hulot floh, wie Lot einst aus Sodom floh … ohne jedoch es Lots Frau gleichzutun und noch mal zurückzuschauen. Wie ein Besessener rannte er durch die Straßen und schimpfte laut vor sich hin.

Zu Hause fand er seine Familie noch genau so friedlich beim Whist um ein paar armselige Sous wie bei seinem Weggang. Als Adeline ihren Mann erblickte, sah sie sofort, dass ein schreckliches Unglück geschehen war, sie dachte gleich an irgendetwas Unehrenhaftes. Sie übergab Hortense die Karten und zog Hector in den kleinen Salon, wo ihr Crevel kaum fünf Stunden zuvor Unglück und Schmach vorausgesagt hatte. »Was hast du, mein Teurer?«, fragte sie erschrocken.

»Verzeih mir … aber ich muss dir diese Gemeinheit erzählen.«

Volle zehn Minuten ließ er seinem Zorn freien Lauf.

»Ja, mein lieber Freund«, antwortete die arme Frau stoisch, »das müsstest du doch eigentlich wissen: Solche Geschöpfe kennen keine Liebe, zumindest nicht jene reine, hingebende Liebe, die du verdienst. Wie konntest du, der du doch sonst so gescheit bist, auch glauben, gegen Millionen ankämpfen zu können.«

»Meine liebe Adeline!«, rief der Baron, umarmte seine Frau und drückte sie innig an sein Herz.

»Gewiss, nimm dem Herzog sein Vermögen weg, dann würde sie keinen Augenblick zwischen uns beiden schwanken«, meinte der Baron und suchte sich damit zu trösten.

»Mein Freund«, begann Adeline, indem sie ihre ganze Kraft zusammennahm, »wenn du nun einmal ohne Geliebte nicht auszukommen glaubst, warum machst du es nicht so wie Monsieur Crevel? Warum nimmst du dir nicht eine Frau, die nicht so anspruchsvoll ist, die sich lediglich des Genusses wegen hingibt? Wir würden doch alle dadurch gewinnen … Ich begreife ja schließlich dein Bedürfnis, aber ich verstehe deine Eitelkeit nicht!«

»Was bist du doch für eine kluge und tapfere Frau!«, rief der Baron. »Ich bin ein alter Geck und verdiene wahrhaftig nicht, einen Engel wie dich zur Frau zu haben.«

»Ich bin ganz einfach die Joséphine meines Napoleons«, erwiderte sie mit einem Anflug von Schwermut.

»Joséphine war nicht halb so gut wie du! Aber nun komm, ich werde jetzt mit meinem Bruder und meinen Kindern ein Spiel machen. Ich werde mich auch endlich meiner Pflichten als Vater erinnern und meine liebe Hortense verheiraten. Ich will endlich mal Ruhe vor dem Libertin in mir haben.«

Adeline war so tief gerührt von dieser scheinbaren Bußfertigkeit, dass sie sagte: »Dieses Geschöpf muss doch einen sehr schlechten Geschmack haben, um einen x-beliebigen Mann meinem Hector vorzuziehen. Ich würde nicht für alles Gold der Welt auf dich verzichten. Wie kann man dich verlassen, wenn man das Glück hat, von dir geliebt zu werden?«

Der Blick, mit dem der Baron seiner Frau für ihre Schwärmerei dankte, bestärkte sie in ihrem Glauben, dass Sanftmut und Ergebenheit die mächtigsten Waffen einer Frau seien. Hierin täuschte sie sich aber. Wenn edle Gefühle übertrieben werden, wirken sie ähnlich wie die größten Laster. Bonaparte ist nur deshalb Kaiser geworden, weil er rücksichtslos auf das Volk schießen ließ; zwei Schritte von dem Platz entfernt, wo Louis XVI. Thron und Kopf verlor, weil er Furcht hatte, das Blut eines Monsieur Sauce zu vergießen.

In Timbuktu

O ja, auch ich bin in der Vergangenheit gereist, oft und zuweilen weit, einmal sogar in die Vergangenheit. Letzteres will ich nie mehr tun, Ersteres kann ich nicht mehr. Vorbei ist vorbei. Ich bin in Argos gewesen, in Istanbul, in Matala (dem Matala von einst: Felsen, ein paar verrückte Hippies in ihren Höhlen; ein einziges Hotel ohne jeden Komfort; und meine Frau hatte Angst, dass ich ertränke, so euphorisch schwamm ich in den hohen Wellen), einmal völlig allein in Delphi. Auch das soll mir heute einer nachmachen. – Nein, ich war nicht allein. Da war noch ein Pianist, der – ich schwöre, dass es genau so war – mitten in dem heiligen Tempelrund an einem schwarzen Flügel saß und Beethoven spielte. Er übte für ein Konzert, das am gleichen Abend stattfand. Ich ging hin und setzte mich zu den paar Zuhörern auf die Tempelsteine. Der Pianist erwies sich als blind und wurde von einer Frau zum Klavier geführt, seiner Frau vielleicht. Er setzte sich umständlich, schraubte an seinem Stuhl herum und donnerte endlich los, die *Pathétique* möglicherweise; ich habe vergessen, was genau er donnerte. Nicht vergessen habe ich, dass er nach wenigen Takten, in den Anfängen des ersten Satzes, stecken blieb und nicht mehr weiterwusste und hilflos um sich sah, nach den Noten von früher vielleicht. Das heißt, er wandte und drehte den Kopf wie ein sterbender Vogel. Die Frau, auf so etwas wohl vorbereitet, kam auf die Bühne gestürzt und führte ihn weg. Das Konzert war aus, nach kaum fünf Minuten, und wir standen auf und verloren uns im Mondlicht. Zikaden zirpten, eine Nachtigall sang aus einem Olivenbaum. – Ich war auch, auf meinen vergangenen Reisen, in Tokio, in Mettenbach, in Anchorage, in Tremona, in Liestal, in Bergen, in Mülheim an der Ruhr, in Prag, in Sils-Maria und auch in Sils-Baselgia, in Monterey, in Big Sur, in Cambridge, Mass., in Amsterdam und in Bruxelles, in Alfermée, in Salvador de Bahía, in Paris und in Lavérune und sogar in St-Étienne, wo gerade der Fußballklub wieder in die oberste Liga aufgestiegen war und die Stéphanois das ausgelassen feierten, ich bald mit ihnen, obwohl ich einst ein Fan des FC Basel gewesen bin. – All dies habe ich in der Vergangenheit getan. Und ich könnte Ihnen jeden dieser Orte beschreiben, o ja, das könnte ich. Ich könnte Ihnen Geschichten von Tokio erzählen, Mettenbach, Anchorage (die herrlichen Chinesinnen auf dem Flugplatz, alle eins fünfundneunzig groß), Los Angeles (meine Frau, die den Motor des Mietautos nicht mehr abstellen konnte, einfach nicht, weder mit Gebeten noch mit Fußtritten), La Rösa, Krakau, Bellagio, Tremona, Liestal (wo mein Vater, nach der Beerdigung seines Bruders, erschöpft und traurig vor der Kirche saß, mit seinem Hut in der Hand, und eine mildtätige Dame ihm fünfzig Rappen in den Hut warf), Bergen, Mülheim an der Ruhr, Prag, Sils-Maria und auch Sils-Baselgia, Monterey, Big Sur, Cambridge, Mass., Amsterdam, Bruxelles, Alfermée, Salvador de Bahía, Paris, Lavérune (wo ich das beste Gulasch meines Lebens aß, die Mutter aller Gulaschs), St-Étienne. Ich könnte Ihnen Geschichten erzählen, Geschichten! Aber ich soll, ich darf, ich will von der Zukunft sprechen. Ich werde Orte beschreiben, an denen ich noch nicht war. Vier Orte, vier von vielen. Denn die Erde ist groß und wird immer gewaltiger, für mich wenigstens, der es immer mehr mit Blaise Pascal hält und in seinem Zimmer bleibt. – Timbuktu zuerst. Mein Gott, was habe ich mich nach Timbuktu gesehnt! In Timbuktu sind die Menschen schwarz und schön und in farbige Tücher gehüllt, Körbe oder Wasserkrüge auf dem Kopf tragend. Der Niger, an dessen Ufern Timbuktu liegt, fließt verkehrt herum. Er ist der einzige Fluss der Welt, der von seiner Mündung wegfließt, vom Meer zur Quelle. Jedenfalls haben das ernsthafte Forscher wie Mungo Park festgestellt, nicht über alle Maßen überrascht allerdings, denn in Afrika im Allgemeinen und in Timbuktu im Besonderen ist alles möglich. Wie habe ich mich einst nach Mungo Park gesehnt! Ich wollte wie er sein, ich wollte er sein, fast so sehr, wie ich Fausto Coppi sein wollte, oder vielleicht noch inniger. Nur sein Ende, das blendete ich aus. Denn niemand kennt Mungo Parks Ende. Er wurde erschlagen oder ertränkt oder von einem Löwen aufgefressen. Oder alles zusammen. Wir wissen es nicht. Zum Schluss trieb Mungos Leiche den Niger hinauf, der Quelle entgegen, den Schakalen ins Maul, die ihn schwimmend an Land zerrten. – Timbuktu ist herrlich. In der Sonne leuchtende Lehmmauern, goldene Dächer. Flirrende Luft. Palmen. Verhungernde Menschen in den Gassen, das auch; wir sind in Afrika. Ein Sonnenuntergang ist, als rase der Sonnenball, einem abstürzenden Flugkörper gleich, in den Horizont. Und der Aufgang ist wie ein Raketenstart. Du siehst deine eigene Hand nicht vor den Augen, und zehn Sekunden später ist das Sonnenlicht so grell und heiß, dass du die Augen zupresst und das Schweißwasser dir aus allen Poren rinnt. Trink Bier, Wanderer! Du kriegst es in einer Bar am Hauptplatz, in der du am besten gleich über Nacht bleibst, denn am Morgen, nach Sonnenaufgang, braucht einer wie du viel Kraft und noch mehr Glück, den glühenden Platz lebend zu überqueren. Auch die Timbuktuer versuchen das kaum je, nur in Notfällen. Aber Afrika kennt keine Notfälle, weil jeder Tag ein einziger Notfall ist. So viel zu Timbuktu. – Der Polarkreis als Zweites. Da musst du, ob Mann oder Dame, warme Unterkleidung mitnehmen, heiße Oberkleidung, alles Dicke und Wärmende, dessen du nur habhaft werden kannst. Es ist saukalt am Polarkreis, besonders wenn du direkt aus Timbuktu kommst. (Das ist selten, aus Timbuktu geht man nicht weg, kaum je, weil der Bus in der Mitte des Hauptplatzes hält, in der gnadenlosen Sonne, und erst abfährt, wenn er bis zum letzten Platz gefüllt ist; was vorkommt; aber dann sind die zuerst Eingestiegenen bereits tot, auch der Fahrer. Hitzschläge, Durst.) Wir nähern uns dem Polarkreis von Süden her, wir haben den nördlichen als unser Sehnsuchtsziel gewählt. Wir gehen und gehen, durch Tundragras und erfrorenes Farnkraut. Tiefgekühlte Vögel flattern schreiend auf, Polarenten und Schneefinken. Wir sagen längst kein Wort mehr, gehen in unserer einsamen Einerkolonne, jeder auf den Rucksack des oder der vor ihm Gehenden starrend. In einsame Gedanken versunken, die oft um den Hauptplatz von Timbuktu kreisen, um dessen angenehmes Klima. Es ist dunkel, nur ein Polarlicht weist uns den Weg. Wir sind Silhouetten, sogar der oder die Geliebte sieht wie ein Scherenschnitt aus. Hier geht es ums nackte Überleben, wenn nicht just das der falscheste Ausdruck wäre: Überleben können sogar die Angezogensten und Eingemummeltsten kaum. Die Dunkelheit macht, dass wir dazu neigen, ein bisschen stumpf vor uns hin zu marschieren, ohne Sinn für das Schöne und Herrliche unserer Umgebung. So geschieht es oft, dass der oder die Vorderste der Kolonne unversehens gegen den Polarkreis prallt, sich regelrecht seinen oder ihren Schädel an ihm anschlägt, den Dutz, denn der Polarkreis verläuft – ein erdumspannender Ring aus einer unbekannten, aber festen Materie – etwa eins siebzig hoch über dem Erdboden, quer zur Marschrichtung. – Die Idee, dann eben kleinere Führer zu verwenden, Zwerge, hat sich kaum bewährt, weil diese, die Gnome, unter dem Polarkreis hindurchmarschierten, ohne ihn zu bemerken, sodass der oder die Nächste ihren oder seinen Dutz am Polarkreis an- oder gar einschlug. Einer dieser Führerkobolde bemerkte das Unglück hinter ihm so wenig, dass er einfach weiterging, weiter und weiter, und so am 23. April 1768 den Nordpol entdeckte, allerdings auch dies, ohne es zu bemerken, denn der Nordpol war damals noch nicht angeschrieben. – Ich will nicht hören, nein, dass es in Kathmandu nun auch schon Coca-Cola gibt. Erstens kann das nicht wahr sein, und zweitens. Zweitens wäre ich damals in Timbuktu froh gewesen um ein noch so kleines Coci. – Kathmandu also. Es ist äußerst schwer zu erreichen, dieses Kathmandu, du musst zuerst mit der indischen Staatsbahn fahren, auf dem Dach oben oder an einen Türgriff gekrallt, von Kalkutta über Dhanbad, Patna, Gorakhpur, Bettiah bis nach Birganj an der nepalesischen Grenze. Dort musst du auf Kamele umchecken oder auf Lamas, träge Lasttiere, die nie trinken und schlafen und dorthin gehen, wohin sie wollen; und das ist nicht immer Kathmandu. Da schaukelst du im Mondlicht durch endlose Salzwüsten und steigst terrassenförmige Berghänge hinan, längst ohne Kamel, ohne Lama, mit einem Sherpa dafür, der vor dir ekstatische Gesänge in seinen Bart orgelt, die Gebetsmühle dreht und für jeden Tag 15 Dollar will; später, als er sicher ist, dass du den Heimweg ohne ihn nicht mehr findest, 25 Dollar. (Solcher Vorkommnisse wegen sind viele Nepalreisende voller Misstrauen. In der Tat ist das Misstrauen ein nützlicher Reisebegleiter. Allerdings auch ein äußerst fader, denn von ihm begleitet bleibt man meist da, wo man ist, allein mit dem Misstrauen Tag und Nacht.) – Die Sherpas nehmen Kreditkarten. – Wie auch immer, am dreiundfünfzigsten Tag biegen wir um eine Felsecke: und sehen die Zinnen von Kathmandu. Oh, ah, das ist wunderbar. Wir haben die herrliche Stadt zwar schon mehrmals als Fata Morgana gesehen, in die Salzwüste gespiegelt, hinter fiktiven Seen gespiegelt. Als wir jetzt aber die Stadt betreten, einen Wellblechhüttenhaufen, ist alles noch viel großartiger als erwartet. Menschen, viele Menschen, alle mit irgendetwas handelnd. Glöckchen, Gewürzen, Rucksäcken. Mönche und Mönchinnen. Ein paar Neugierige auch aus anderen Ländern, die alle Rucksäcke tragen und alle im ›Kathmandu Inn‹ logieren, dem einzigen Hotel der Stadt, in dem auch wir uns einquartieren. Wir – meine Frau und ich – kriegen ein gemütliches Achterzimmer, zusammen mit sechs Briten, die für zwölfe schnarchen. Im

Pub des Inn trinken wir eine Cola. Wir sind die einzigen Touristen ohne Rucksack, darum sind die einheimischen Rucksackhändler den ganzen Tag hinter uns her. Der Rucksack ist nämlich eine Erfindung aus Kathmandu, oder vielleicht aus Kandahar, ich kann die beiden Orte schwer auseinanderhalten. Sicher jedenfalls stammen die ersten Skibindungen aus Kathmandu, ich hatte selber in meiner Jugend noch solche, montiert auf Eschenholzlatten. Tatsächlich gibt es über der Stadt schneeverwehte Hänge, in die die Mönche, auf heiligen Hölzern gleitend, mit weiten Schwüngen Spuren legen, die sie dann in hitzigen Debatten deuten, diese Zeichen, diese in den Schnee geworfenen Weissagungen. Die Spuren gleichen Wellenlinien, die da und dort von einem Loch unterbrochen sind, wenn nämlich sich einer der rasenden Mönche überschlagen hat. Ich miete mir auch so Latten und brettere einen jungfräulichen Hang hinab. Stiebender Neuschnee bis unten, wo mich die Hitze der Stadt erwartet. Ich deute meine Spur, die Deutung verheißt nichts Gutes. – Später kriechen wir auf den Knien durch ein Heiligtum voller holzgeschnitzter Drachen, essen, um Töpfchen und Tellerchen kauernd, Blumen und Fischteile, von denen niemand sagen kann, wie sie nach Kathmandu gelangt sind. Denn Kathmandu ist einige tausend Meilen und Höhenmeter vom nächsten Meer entfernt. Die Einheimischen, Fischer alle, behaupten, es seien fliegende Fische, die bis hierher flögen und mit großen, an Drachen schwebenden Netzen gefangen würden. Ich denke eher, sie sind tiefgekühlt und werden von rennenden Boten in die Berge gebracht. Aber was weiß ein Fremder, heutzutage. Heutzutage essen die Menschen in Bülach Litschi oder Sushi mit Stäbchen, und in Kathmandu verschlingen sie Fondue mit Schweizer Offiziersmessern, deren Zahnstocher sie für Fonduegabeln halten. – Bleibt mir das Matterhorn. Ich habe das Matterhorn noch nie gesehen, nicht ein einziges Mal, und natürlich auch nie das liebliche Zermatt. Aber ich sehne mich danach. Ich bin ein geübter Berggänger, das darf ich von mir sagen, ich habe vor dreißig Jahren den Piz Palü bestiegen und seither noch einige Eintausender. Vielleicht nimmt mich jener sechsundneunzigjährige Bergführer mit, der noch jeden Tag z' Berg geht und sich in seiner Freizeit mit der Milka-Kuh fotografieren lässt. Inzwischen ist er wohl hundertdrei. Das käme mir entgegen, vielleicht schaffe ich es so, ihm bis zur Hörnlihütte zu folgen. Weiter will ich sowieso nicht, ich bin kein Ogi, in mir herrscht über dreitausend Meter keine Freude. In der Hörnlihütte esse ich das Gericht des Hauses, trinke einen Halben, und dann trete ich vor die Hüttentür und juchze. Neben mir der Ätti, dessen Stimme noch viel weiter trägt als meine. Unten in Zermatt nicken sich die Einheimischen zu, ja, ja, die Berggeister sind auch im neuen Jahrtausend aktiv. Die Gäste aus dem Ausland sind fassungslos. Einer macht ein Video, mit Ton, auf dem man später das bewegungslose Matterhorn sehen wird. Der Ton ist ein lang gezogenes Heulen, zweistimmig, das wie ein Hilferuf klingt. Götter, helft uns in unserer Not. Der Tourist, der Macher des Videos, führt dieses später in seiner Heimat, in Oklahoma City, seiner Frau und seinen Kindern vor, und allen rieselt ein solches Rieseln über den Rücken, dass sie das Video vor seinem Ende abstellen und also nicht sehen, wie der Ätti und ich in großen Sprüngen die Felsen hinunterschnellen, übermütig juchzend. Unten, im Dorf, bin ich gehörig erschöpft, ich bin ja bald zweiundsechzig; aber der Hundertdreijährige hilft mir auf die Beine, und zusammen gehen wir in seine Stammbeiz, das ›Shopping and Fucking‹, das in seiner Jugend ›Matterhornstübli‹ geheißen hat. Wir essen Älplermagronen und trinken einen weiteren Halben. Das sind meine Reisen in der und in die Zukunft. Liebe Freundinnen und Freunde. Kommen Sie mit. Buchen Sie jetzt unter www.widmerreisen.ch, oder schieben Sie mir diskret Ihre Kreditkarte unter meiner Haustür zu. Codenummer nicht vergessen. Danke.

CONNIE PALMEN
Der Psychiater

Montag, 15. September 1986 – 14.00 Uhr

Herr Doktor, ich simuliere.

Sie hören zu. Es ist doch Ihr Beruf, aus meinen Worten etwas herauszuhören, was ich nicht sage, was ich verschweige, ob ich das nun will oder nicht?

Sie holen die Wahrheit hinter meinen Geschichten hervor, die Wahrheit, die ich nicht besitze. Eigentlich sind Sie so etwas wie ein professioneller Leser.

Es ist gut, auf Distanz zueinander zu bleiben. Wenn es Ihnen nichts ausmacht, würde ich gern weiter »Sie« zu Ihnen sagen. Sie können mich ruhig beim Vornamen nennen und mich duzen. Sie müssen stärker sein als ich. Ich bin in Not.

Um das noch eben klarzustellen: Ich habe schon von Ihnen gehört. Sie sind Daniels Vater, und Sie haben Lucas Asbeek behandelt, den Mann, den ich liebte, liebe. Lucas war der Abschluss. Mit Lucas habe ich meine letzte Chance verspielt. Ich bin in dieser Liebe gescheitert.

Ich bin ein unmöglicher Mensch. Mit mir kann man nicht leben.

Alles greift ineinander. Es macht mir Angst, wie die Zeichen miteinander zusammenhängen. Es ist zu viel, zu viele Themen, zu viele Motive, zu viele Lehrmeister, zu viele Sprachen, unfertige Geschichten, Widersprüche, von allem zu viel. Das alles spielt sich jetzt hinter meinem Rücken ab. Wo soll ich anfangen, und wohin führt es? Zu gar nichts, zu einem Durcheinander in der Seele.

Ich empfinde mich nicht mehr als Organisator dieses Zufalls. Irgendjemand spielt mit mir, jemand anderes als ich. Er versucht mir etwas deutlich zu machen, aber was, um Himmels willen?

Er, ja, es ist ein Er. Er ist ziemlich göttlich und vor allem erschreckend mächtig, sonst geht so etwas nicht.

Ich weiß nicht, wo ich anfangen soll.

Ich werde mit dem Astrologen beginnen, so nenne ich ihn immer. Er ist tot. Eigentlich hieß er Miel, Miel van Eysden. Er ist in eine Schlucht gefallen. Er war ein Freund von mir. Kann ich das so sagen? Ja, er war ein Freund.

In letzter Zeit muss ich wieder oft an ihn denken. Er hatte es mit Zahlen und natürlich mit den Sternen. Jeden Tag sah er irgendwo die Zahl dreiunddreißig auftauchen, und jeden Tag kontrollierte er in seinen Zahlenbüchern, warum an diesem Tag geschehen war, was geschehen war. Dann stimmte die Welt, und er konnte sein Leiden erklären. Heute verstehe ich ihn besser. Damals habe ich manchmal gedacht, er sei völlig übergeschnappt, aber jetzt passiert in meinem Kopf etwas Ähnliches. Überall entdecke ich Botschaften.

Heute ist der Tag der Sieben Schmerzen Mariens, ein

Montag noch dazu, und Ihre Hausnummer ist genau die Zahl, die mich in die Welt hinausgetrieben hat. So geht es immer weiter. Und was bedeutet das?

Ich wüsste nicht, was für ein Buch mir hinterher erklären sollte, warum es mir so ergeht, wie es mir im Moment ergeht. Ich habe im Gegenteil öfter das Gefühl, dass ich in meinen eigenen Büchern lande, in den Büchern, die ich schon im Voraus selbst geschrieben habe, im Kopf. Ich will da raus. Ich will die Grenzen dieses Buches überschreiten.

Das ist es auch, was ich Ihnen unbedingt sagen muss, was mich beunruhigt und aufwühlt. Es ist, als hätte mein Leben die Eigenschaft von Literatur. Es ist ihr so ähnlich. In der Literatur hat auch das kleinste Wort eine Bedeutung, und alles hängt mit allem zusammen, genau wie jetzt in meinem Leben. Und bevor es mir über den Kopf wuchs, habe ich immer gedacht, dass ich selbst die Verbindung zwischen den unterschiedlichsten Ereignissen herstelle und damit dem Leben Schönheit und Sinn verleihe. Wie sonst könnte man es sinnvoll machen?

Nur kommt aus mir keine Literatur heraus, und es ist die Frage, ob es gut ist, dass mein Leben einem Buch gleicht. Ich brauche nämlich gar kein romantisches Leben, wenn ich es nur schaffe, ein Buch zu schreiben. Das muss sein. Jetzt. Es wird Zeit.

Manchmal hört man von Schriftstellern, die erst dann angefangen haben, ein Buch zu schreiben, nachdem sie beim Therapeuten gewesen waren. Aber andererseits hört man auch von Leuten, die bereits schrieben oder malten, dann zum Therapeuten gingen und danach nie mehr einen Buchstaben zu Papier brachten oder einen Pinsel anrührten.

Wenn mir das blüht, Herr Doktor, dann müssen Sie meine Seele in Ruhe lassen und es mir jetzt sagen, dann gehe ich wieder. Ich werde mir schon zu helfen wissen. Ich stehe schließlich auf eigenen Füßen.

Ich will eine Person werden, jemand mit einem eigenen Leben, mit Augen, die selbst sehen, auf ihre eigene Art, nicht auf die Art anderer. Und ich möchte auch gern Worte in mir aufsteigen hören, meine ureigenen Worte. Überall sitzt der Schmutz der anderen wie eine Kruste auf der Sprache, wie ein Schleier vor meinen Augen, sodass sie wie verschmiertes Glas aussehen. Ich sehe tatsächlich nichts. Ich bringe alles durcheinander, ich vermische die Kategorien, Mann-Frau, Literatur-Wirklichkeit, Wahrheit-Lüge, und es gibt in mir nichts, was als Schiedsrichter auftreten und dem einen sagen könnte: Du bist nicht, was du zu sein scheinst, und dem anderen: Du bist es, du bist wahr, du bist, was du bist, und für dich entscheide ich mich.

Ich ertrage dieses doppeldeutige Getue nicht, all die Ambivalenzen. Sie machen mich ganz trübsinnig.

Es geht mir nicht gut.

Vielleicht war ich einmal eine Person. Ich erinnere mich nicht mehr daran. Wird man als Person geboren? Ist man schon ein eigenständiges Wesen, wenn man da in der Wiege liegt und sie einem noch nicht den Kopf verdreht haben mit all ihrem Unsinn?

Der Unsinn. Die Worte, Ideen und Meinungen anderer, ihre Gesetze, ihre Moral, ihre Wissenschaft haben mich benebelt. Eigentlich ist mein Geist vergewaltigt worden. Und ich habe es einfach geschehen lassen, es provoziert, habe geflirtet, auf Teufel komm raus. Er hat mir das prophezeit, der Astrologe. Wie nannte er mich noch gleich? Eine platonische Hure, glaube ich, irgendetwas in dieser Richtung.

Ich weiß nicht einmal mehr, was Gut und Böse ist. Ich will geheilt werden von den Gedanken anderer, von anderer Leute Leben.

Ich will gut sein.

Es macht mich so müde, einen Charakter zu bekommen.

Ich dachte immer, der Wahnsinn überfällt einen, aber das stimmt nicht. Man sucht ihn auf, man lädt ihn ein, man lässt ihn zu und betrachtet voll Spannung, wie man selbst ihn noch ein bisschen mit sich spielen lässt, um zu sehen, was er alles noch mit einem anstellt. Es ist ein Ausprobieren, ein Scheingefecht, mal sehen, wie weit man zu gehen wagt, wie verrückt man zu werden wagt. Doch dieser andere in uns, der alles kontrolliert, der auf uns aufpasst, wenn es nötig ist, der ist geschwächt, bleibt aber anwesend.

Verrückt werden heißt völlig den Verstand verlieren, dachte ich, aber das stimmt nicht. Verstand ist genug da.

Ich weiß verdammt gut, wie es mit mir steht.

Es ist Betrug. Verrückt zu werden ist der soundsovielte Versuch, der Wahrheit auf die Spur zu kommen, denke ich. Nur setze ich diesmal mich selber aufs Spiel.

Ich habe einen enzyklopädischen Hunger nach Wissen, ich habe überall danach gesucht, ich hatte viele Lehrmeister. Sie sind der Meister im Aufspüren von Bedeutung, von dem da hier, diesem Monolog.

Das Dumme ist nur, dass ich im Grunde nicht an die Wahrheit meiner Geschichte glaube, an eine endgültige Bedeutung, nicht einmal jetzt, da es um mich geht und ich mich hier gesund plappern soll und von Ihnen das Unmögliche erwarte.

Ich werde ihn *sie* nennen, ja. Der Wahnsinn ist eine Frau.

Glauben Sie, es hat etwas zu bedeuten, wie ich mit dem Geschlecht der Wörter spiele? Suchen Sie etwas dahinter?

Unsere Zeit ist begrenzt. Ich bin dreißig, wir haben nur eine Stunde, und obendrein wird die Sonne auch noch sterben.

Meine Sonne steht im ersten Haus. Das ist ein Gesetz. Ich sollte wissen, wer ich bin. Das ist die Auslegung des Gesetzes. Solche Dinge hab' ich im Kopf, aber sie bringen mir nichts, rein gar nichts. Nur Schwierigkeiten.

Wenn ich falle, werde ich weinen vor Glück, das kam mir immer wieder in den Sinn. Beckett. Man kann sich nach dem Fall sehnen, danach, dass man aufhört zu lernen, stecken bleibt, sich nicht mehr entwickelt. Musil.

Ich bin keine Sekunde allein.

Vor zwei Wochen hat ein Unbekannter mich auf der Straße aufgehoben. Ich fuhr mit dem Fahrrad die Grachten entlang, Richtung Dam. Ich betrachtete die Grachtenhäuser und wurde immer trauriger. Sie sind von Menschen erbaut, und Menschen sterben, aber die Häuser bleiben stehen. Darüber dachte ich nach, und ich fand es in diesem Moment allumfassend und sehr tragisch. Auf einer der Brücken sah ich plötzlich einen jungen Punker. Man erkennt sie sofort. Sie haben Stachelhaare, tragen fürchterlich enge Hosen, Lederjacken mit aufgemalten Sprüchen und hohe, klobige Militärstiefel. Der Junge war nicht viel älter als vierzehn. Er hatte einen teuren Fotoapparat mit Teleobjektiv in der Hand und hüpfte hinter einer Taube her. Er wollte diese Taube im Bild einfangen, verstehen Sie, und als ich das sah, erstarrte der Punker selbst in meinem Kopf zum Sinnbild. Es war das Bild von etwas, das unmöglich ist und schmerzhaft. Denn der Junge würde ja doch sterben, und die Taube würde sterben, und ich auch, ich, die ich das alles sehe und darüber nachdenke. Es ist vollkommen sinnlos, diese Taube zu fotografieren. Man entgeht dem Tod nicht. Dieses Foto vielleicht. In diesem Moment fuhr ich gegen ein Hindernis und fiel. Ich lag da und wäre am liebsten für immer so liegen geblieben. Ein Passant half mir wieder auf die Beine, es war ein Mann, ein Franzose. Er stützte mich und sagte ganz besorgt »Mais petite« zu mir. *Mais petite.* Da schlang ich die Arme um seinen Hals und klammerte mich an ihn. Ich sagte zu ihm etwas wie »Hilf mir, liebe mich, geh nie mehr fort von mir, beschütze mich, rette mich, ich sterbe.« Zu einem wildfremden Menschen.

Er verstand die Worte nicht, aber er war sehr fürsorglich. Ich sah, dass ich ihm auch Angst machte, putzte mir die Nase und bedankte mich bei ihm.

Der Vorfall mit dem Punker gab den Ausschlag. Sie sind auch ein Fremder. Das alles würde ich auch gern zu Ihnen sagen.

Um Hilfe bitten ist so eine Sache, eine reichlich seltsame Sache – aber lassen wir das.

Es tut mir leid, dass ich einfach so drauflosrede und keine Struktur in das bringen kann, was ich Ihnen erzählen muss. Zu Hause, als ich allein war, kam mir alles so kohärent vor, hundertprozentig schlüssig, eine ordentliche, stimmige Geschichte mit einem klaren Anfang und einem Ende, eine Geschichte, mit der Sie etwas anfangen könnten.

Wie viel Zeit haben wir noch?

Kann ich noch mal von vorn anfangen?

Ist das nicht schrecklich ermüdend für Sie, mir so lange zuhören zu müssen?

Manchmal habe ich das Gefühl, dass ich die Welt vollkommen durchschaue, wie alles seinen Platz und seine Zeit hat und seine eigene Notwendigkeit und wie auch das eigene Leben das einzige ist, was der Mensch hat, weil es der Knotenpunkt all dessen ist, was in seinem Leben geschieht, und wenn man diesen eigenen Knotenpunkt nicht hat, dann hat man also nichts, denn dann ist jedes Ereignis nichtssagend, mit nichts verbunden, einfach nur ein Ereignis, ohne Wert, ein wertloser, flüchtiger Vorfall, der genauso gut nicht hätte stattfinden können, ein loser Faden, sinnlos. Nur Menschen mit einem eigenen Leben können in dem, was das Leben tatsächlich ist, eine Geschichte sehen, Menschen, die hinter den scheußlichen Verschiedenheiten jeder einzelnen Minute die Einheit wahrnehmen können, die Einheit ihrer Geschichte – nur solche Menschen können glücklich sein.

Herr Doktor, ich bin überglücklich, aber ich kann mein Glück nicht mehr verkraften.

Ich möchte der Welt etwas kundtun, die Menschen lehren, jener Sprache zu lauschen, die sich hinter den Ereignissen ihres Lebens verbirgt. Dann können sie selbst auch wieder zu Menschen werden, die die Welt von ihrer stummen Sinnlosigkeit, ihrer unnötigen, schweigenden Gegenwart befreien. Was hat man sonst vom Leben, wenn man dazu nicht imstande ist?

Ich habe Mitleid mit uns Menschen. Nietzsche lehnt das Mitleid ab, für Schopenhauer ist alle Liebe Mitleid – also, was soll man nun eigentlich tun? Ist es jetzt gut oder schlecht, Mitleid zu haben?

Ich fühle mich sehr allein.

Ich weiß nicht, wie ich mich verständlich machen soll.

Das Wesen der Dinge existiert nicht, Herr Doktor, jedenfalls nicht ohne uns. Was wir daraus machen, das ist es, nichts anderes.

Aber wie steht es dann mit den Menschen selbst? Wird man als Mensch mit einem Wesen geboren?

Angenommen, mit den Menschen ist es wie mit den Dingen, und für sich allein sind sie ebenfalls nichts, aber dann auch gar nichts. Ein schrecklicher Gedanke, und daher wahrscheinlich wahr. Dann sind wir Menschen voneinander ebenso abhängig, wie es die Dinge von uns sind. Dann können wir nur das sein, was ein anderer aus uns macht, und nur dann etwas bedeuten, wenn andere die Bereitschaft, die Liebe besitzen, uns in ihrer eigenen Geschichte Bedeutung zu verleihen. Dann sind wir zwangsläufig Figuren in der Geschichte eines anderen Menschen, aber ansonsten, für uns allein, stellen wir nichts dar, sind wir bedeutungslos, nichtssagend, stumme, überflüssige

Dinge. Wir sind der Gnade anderer ausgeliefert, wir sind ihr Werk. Wir selbst haben dabei das Nachsehen.

Manche Menschen werden durch die Liebe weich und nachgiebig. Ich nicht. Ich wurde wild und ging zum Angriff über. Je heftiger ich kämpfte, desto mehr liebte ich in diesem Augenblick. Ich versteh' das nicht.

Ich verschlinge die Menschen, aber ich werde andererseits auch von ihnen verschlungen. Die Liebe hat mich zu Tode erschreckt.

Ich kann das alles nicht mehr richtig auseinanderhalten. Sie müssen mir helfen, dass ich wieder klar sehe und lerne, die Spreu vom Weizen zu trennen.

Was ich damit meine, ist Folgendes: Wenn das eigene Leben das Einzige ist, was das Leben lohnend macht, und auch das einzige Instrument, mit dem wir dem Leben Bedeutung verleihen können, und wenn man dann noch bedenkt, dass das Leben ja doch anderen ausgeliefert ist und nur sie uns erschaffen können, dann ist das doch ein schrecklicher Gedanke, oder nicht?

Verstehen Sie, was ich sagen will?

Warum sitze ich hier? Wie bin ich hierhergekommen? Ich habe Talent zum Glück, Herr Doktor, wirklich wahr, schon immer gehabt, nie bezweifelt. Ich hab' mich immer reich gefühlt, begabt mit der Fähigkeit, aus dem Leben ein schönes Leben zu machen, egal wie es verläuft, und es hat in meinem Leben immer Schönheit gegeben.

Ich muss mich von den Menschen absondern und in

meinen vier Wänden bleiben, um mich gegen Ereignisse zu schützen, denn sobald ich den Fuß vor die Tür setze, stürmt die Welt auf mich ein wie ein übermütiger Hund, und ich kann mich einfach nicht dagegen wehren. Das unscheinbarste Ding, das ich sehe, berührt mich wie etwas ganz Wichtiges, es macht mich traurig oder weckt in mir heftiges Glück, und eigentlich will ich es bewahren, das Ereignis aus seinem Raum und seiner Zeit lösen, befreien, indem ich es in meine Geschichte aufnehme und ihm Bedeutung verleihe.

Ich hab' zu viele Bücher gelesen. In meinem Kopf passiert zu viel.

Manchmal bin ich völlig erschöpft vom Schauen. Ich bin so glücklich, dass es schon fast ungesund ist. Ich reibe mich auf.

Ist das normal?

Stimmt da noch alles?

Im Grunde will ich damit sagen, dass es isolierte Ereignisse nicht gibt. Was isoliert und allein ist und nirgends hineinpasst, hat keine Bedeutung. Wir müssen die Dinge und die Menschen retten, sie aus ihrer Bedeutungslosigkeit erlösen, immer wieder aufs Neue. Das Problem ist nur, dass ich mich selbst nicht retten kann. Ich bin die Einzige, die isoliert ist, ich kann mir selbst keine Bedeutung geben. Ich finde es unangenehm, selber so leer und ohne Bedeutung zu sein.

Lucas wollte ich helfen, ihn trösten und vermitteln zwischen ihm und ihm, zwischen ihm und seinem Feind, den auch er in seinem eigenen Innern hat. Er ist innerlich so chaotisch, so gespalten, zwei in einem, und das ist noch knapp gerechnet. Er gibt dem Zweifel viel Raum. Er ist nie genug geliebt worden. Ich dachte, wenn ich ihn sehr liebe, dann wird er wirklicher, sodass er es wagen kann, herunterzukommen, mit beiden Beinen auf die Erde, wo er dann natürlich feierlich neben mir einherschreiten würde, hier auf diesem Erdenrund, am liebsten für immer. Ich fühlte mich als seine Braut.

Dazu muss ich Ihnen unbedingt noch Folgendes sagen: Zum ersten Mal in meinem Leben glaube ich zu verstehen, worin die Natur der Frau liegt, wozu die Frau bestimmt ist.

Ich wollte ihm einen Sohn gebären.

Plötzlich verstand ich auch die Schlager im Radio. *You make me feel like a natural woman.* Ich fand sie nicht mehr lächerlich, sondern sang sie aus vollem Hals mit, ich dumme Gans. Und trotzdem begriff ich es damals, ich begriff, dass Frauen Kinder gebären und es dabei bewenden lassen sollten, denn alles Übrige ist entweder Unsinn, oder es gehört nicht ins Reich der Frauen.

Eine Frau, die schreibt, begibt sich ins Reich der Männer. Sie verzichtet auf ihre eigenen Mittel, sich über andere Bedeutung zu verleihen, und greift stattdessen zu den Mitteln des Mannes, zu Schreibstift und Worten, den Waffen der Ohnmacht.

Männer schreiben Bücher auch, weil sie Frauen dazu verführen möchten, sie zu lieben, und sei es auch nur in ihrem Kopf, und wenn eine Frau ein Buch schreibt, dann glaubt sie, dass sie damit den Mann dazu verführen kann, sie zu lieben. Aber die Männer ergreifen die Flucht vor schreibenden Frauen. Eine Frau soll keinesfalls Dinge tun, in denen Männer gut sind. In diesem Punkt täuschte ich mich, schon früher. Ich dachte immer, Jungen mögen Mädchen, die so sind wie sie, und deshalb war ich noch ein wilderer Winnetou, ein noch härterer Soldat, rücksichtsloser im Kampf, rauer, verwegener, brutaler.

Aber Jungen mögen das, was ihnen ähnlich ist, gar nicht. Sie mögen richtige Mädchen, die sich schminken und kichern und über Mädchensachen reden, Mädchen, die alles tun, was ich mir immer verboten habe.

Begehren habe ich mit Begehrlichkeit verwechselt, Sein mit Haben. Ich wurde so wie der, den ich begehrlich fand, um selbst von ihm begehrt zu werden. Ich musste unbedingt jemand sein.

Habe ich nur deshalb so lange weitergelernt, um die Wahrheit der Klischees zu entdecken?

Lucas wollte ich haben, und um ihn zu haben, musste ich eine Frau sein. Die Liebe war mehr ein Wegnehmen als ein Hinzufügen. Abbrechen, abgewöhnen, sprengen, verlieren, vor allem viel verlieren. Wasser, Fleisch, Fett, Phrasen, Tricks, Gewohnheiten, Kontrolle, altes Papier, Träume, all meinen Unsinn verlieren. Bei Lucas war ich mit mir selbst im Reinen, ich war leicht und einfach, eine simple Summe von Möglichkeiten, die bei ihm nur addiert zu werden brauchte. Es war klar: Er war das Wichtigste in meinem Leben, er stand an der Spitze der Hierarchie, hoch über allem und allen, ich wusste immer, wofür ich mich zu entscheiden hatte. Für ihn.

Zweifel ertrage ich nicht. Ich kann mit dem Schicksal keinen Kuhhandel treiben, ich kann keine Kompromisse schließen, wenn es um das Wichtigste geht, was ich im Leben zu tun habe, ich kann damit nicht taktieren und mehreren Herren zugleich dienen. Entweder das eine oder das andere. Ich muss wählen. Nicht dass ich nicht gespalten wäre, aber ich weigere mich einfach, gespalten zu sein.

Wenn ich bei ihm war und das Bedürfnis zu schreiben mich wieder überkam, dann empfand ich das wie einen Verrat und hätte um Lucas weinen mögen, weil ich Angst hatte, ihn einen Augenblick lang nicht genug geliebt zu haben.

Letztlich ertrug er meine Liebe nicht. Wie alle.

Sie untergrabe seinen Selbsthass, meinte er, und er liebe sich selbst nicht genug, um mich lieben zu können.

Seit wann terrorisiert uns eigentlich schon diese idiotische, abgedroschene Phrase? Welcher rückständige Schwachkopf hat den Menschen eingebläut, sie müssten erst sich selbst lieben, bevor sie jemand anderen lieben könnten? Das ist das lächerlichste, dümmste, grausamste Gesetz aller Zeiten, und es regiert das zwanzigste Jahrhundert. Es ist kompletter Blödsinn. Wir müssen einen anderen Menschen lieben, und ein anderer Mensch muss uns lieben, das brauchen wir nicht auch noch selbst zu tun, das ist unmöglich. Wer liebt schon sich selbst, ohne von einem anderen Menschen geliebt zu werden? Niemand. Ja, eine Handvoll monomaner Verrückter vielleicht, die schon ein Dutzend Selbstsicherheitstrainings hinter sich haben.

Ich habe ein solches Bedürfnis nach Selbstvergessenheit, nach dem einen in meinem Leben, dem ich mich widmen kann, nach etwas, das anders ist als ich. Höher und besser.

Es tut mir leid. Ich hatte mir vorgenommen, Ihnen ohne Scheu alles ehrlich zu sagen, aber Ihnen schamlos alles zu sagen ist genauso unmöglich, wie nicht zu lügen.

Und doch komme ich mir schrecklich künstlich vor, als ob ich mich selbst erfunden und mit einem fiktiven Charakter ausgestattet hätte. Und eines Tages wird jemand kommen und etwas von mir verlangen, etwas von mir selbst. Dann wird es ans Licht kommen, dass ich davon nichts im Hause habe, nichts von mir selbst.

Montag, 22. September 1986 – 14.00 Uhr

Die Welt ist mit der Zeit so vorhersehbar geworden, immer das gleiche Lied. Vielleicht sollte ich *meine* Welt sagen, meine Welt ist vorhersehbar geworden. Ich wünschte, etwas würde mal anders verlaufen, eine Begegnung zum Beispiel, aber es läuft doch immer auf das Gleiche hinaus, und dass es auf das Gleiche hinausläuft, weiß ich schon nach ein paar Minuten. Ich sehne mich nach unvorhersehbaren Ereignissen, nach Momenten, deren Handlung ich nicht schon im Voraus kenne, nach Begegnungen, mit Menschen, bei denen ich nicht sofort sagen kann, wie sie ablaufen werden. Die Vorhersehbarkeit anderer macht mich kalt und gleichgültig. Dann ist es, als hätte ich keine Erfahrungen. Selbst bei Dingen, die zufällig geschehen, fühle ich mich als deren Organisator und Regisseur.

Schreibt nicht Jung irgendwo, dass man sich sein Schicksal selbst schafft? Es ist etwas, das sich in Wirklichkeit in unserem Innern abspielt, ein Konflikt. Und wenn wir uns nicht die Mühe machen zu realisieren, *dass* wir uns mit einem solchen Konflikt herumschlagen, wie dieser Konflikt aussieht, was da eigentlich miteinander kämpfen könnte, wenn wir also einfach so tun, als wenn nichts wäre, dann verlagert sich der Konflikt in die Außenwelt und nimmt dort die Form eines Schicksals an.

Was ist dann mein Schicksal?

Die immerwährenden Wiederholungen, das ist doch das Schicksal, nicht wahr?

Ich muss mich also fragen, was sich in meinem Leben ständig wiederholt, was in gleicher Form immer wiederkehrt.

Begegnungen, Männer, denke ich, immer die gleiche Geschichte, außer mit Lucas. Lucas ist ein Kapitel für sich.

Die Männer machen die Gesetze. Durch die Gesetze verbinden sie weit Auseinanderliegendes, Himmel und Erde, Seele und Körper, Sie kennen ja diese Gegensätze. Und dann lesen sie mit ihren Gesetzen in der Hand die Welt. Und dich dazu. Wenn dies, dann jenes. Wenn so, dann so. Sie lesen einen wie ein Buch. Ich habe ihnen zugehört, ich habe gehört, was sie über die Welt zu sagen hatten, über mich vor allem. Ich habe keinen dieser Männer so geliebt, wie ich Lucas liebte und noch liebe. Ich glaube nicht, dass einer dieser Männer mich geliebt hat, nicht wirklich.

Vielleicht war das auch unmöglich. Ich war nicht auf der Suche nach Liebe. Ich suchte die Gesetze.

Ich war zu verfügbar und gerade dadurch unerreichbar. Ein Joker war ich, ohne festen Platz, ohne feste Form, überall einsetzbar. Sie konnten aus mir machen, was sie wollten, ihre Herzdame, ihren Kreuzbuben. Es passte immer.

Lucas machte mich nicht zu etwas. Bei Lucas war ich Marie, die Herzdame. Ich habe Herz ausgespielt und verloren.

Die Männer wissen viel von der Welt und wenig von sich selbst. Sie spinnen ganze Netzwerke zwischen den unterschiedlichsten Dingen, und manchmal merken sie gar nicht, dass ihr Wissen auch nur eine Art ist, sich über Wasser zu halten. Aber ich merke es. Hinter den Männern standen jeweils wieder andere Männer, und das waren die Männer, von denen sie die Gesetze gelernt hatten. Ich hörte ihnen zu und aß. Sie gaben mir immer zu essen, die Männer.

Wenn sie mir ihre Geschichte erzählt hatten, erzählte ich ihnen etwas über sie selbst, meist über ihre geheimen Sünden, um danach milder über sie zu urteilen, als sie es selbst je könnten. Ich will ein gutes Wort für die Männer einlegen. Jemand muss einem ja verzeihen, dass man bei all den Versuchen, das Richtige zu tun, fortwährend Fehler macht und Patzer. Dieser Jemand kann nur eine Frau sein. Wer würde nicht von einer Frau Vergebung erwarten?

Ich liebe Männer. Sie sind einsam.

Im Grunde wollen sie alle das Gleiche: Sie möchten heilig werden, göttlich. Aber es steht dem Menschen nicht zu, göttlich zu sein. Ein Mensch ist menschlich, und das ist schon schwierig genug. Seit man Gott heruntergeholt und ihm einen Platz irgendwo im Herzen der Menschen angedichtet hat, ist alles schrecklich schiefgelaufen. Gott gehört nach oben, nach unten, überallhin, nur nicht ins Innere des Menschen. Göttlich sein zu wollen ist ein teuflisches Unterfangen. Man kann das Göttliche begehren, ihm nachstreben, und wenn man seine Sache gut macht, wird man, wenn's hochkommt, ein bisschen heilig.

Die Männer wollten, dass ich ihnen zuhörte und ihnen verzieh. Sie waren mit wenig zufrieden, und dieses wenige konnte ich ihnen gerade noch geben.

Sie wissen, dass ich das nicht will, eine psychoanalytische Interpretation. Sie haben mir erlaubt, über sie zu schweigen, über den wirklichen Vater, die Mutter, die Brüder. Sie haben mir versprochen, mir bestimmte Worte zu ersparen, weil Sie wissen, dass ich sie für untauglich halte, um eine Geschichte zu deuten. Wir wollten sie nicht aussprechen.

Sie wissen, dass wir nur für kurze Zeit zusammen sein werden. Ich bleibe nicht lang bei Ihnen. Nicht länger, als es für diese Geschichte nötig ist. Es geht mir nicht darum zu verstehen, warum ich so geworden bin, wie ich bin. Als ich Ihnen sagte, ich simuliere, habe ich nicht gelogen.

Solange ich mich zurückerinnern kann, will ich *es* werden. Eigentlich beginnen meine Erinnerungen erst zu dem Zeitpunkt, da ich die ersten Wörter lesen konnte. Was davor geschah, habe ich vergessen, radikal vergessen. Ich lernte lesen, ich lernte, mich in Wörtern zu erinnern, und von da an wollte ich jemand sein, von dem die Wörter ausgehen. Alles, was ich seither getan habe, hängt mit dieser Sehnsucht zusammen. Es ist seltsam, aber ich wollte sie einlösen und ihr zugleich entkommen. Ich habe sieben Jahre lang weitergelernt und mich ausschließlich mit dieser Frage beschäftigt: warum? Warum will ich es werden? Was ist das, Schreiben, Literatur? Wozu ist sie gut?

Ich kann nicht ertragen, dass es ein Schicksal sein soll. An einem Schicksal gibt es nichts mehr zu verstehen, es ist, was es ist. Ein Schicksal kann man niemals rechtfertigen. Eine Entscheidung schon.

Insgeheim hoffe ich noch immer auf Antwort, auf etwas von außen, etwas, das mich in jemanden verwandelt, der fähig ist, diese Entscheidung zu treffen, ohne zu zweifeln. Dieses Etwas, das ist die letzte Initiation. Von Ihnen erwarte ich es auch.

Aber das ist schwach und unsinnig.

Dieses Ereignis wird niemals eintreten.

Was ich Ihnen erzähle, ist nicht die Geschichte eines Werdens, sondern eher die Geschichte eines Zunichtewerdens, eines Unpersönlich-Werdens. Gibt es so etwas? Ich glaube, ich kann es nicht ertragen, ein persönliches Leben zu haben. Ich kann nicht mit dem Gedanken leben, dass Erfahrungen, Erlebnisse, Gefühle nur von mir so erlebt werden. Wenn ich etwas erlebe, dann geht das in meinen Augen über mich hinaus. Sonst könnte ich es genauso gut nicht erleben, und mein Tag wäre sinnlos. Ich liebe es, alles in großen Zusammenhängen zu sehen.

Das Gesetz ist unpersönlich.

Gesetze gelten für alle, dachte ich.

Man muss sich töten, um schreiben zu können. Ich glaube, es ist solch eine Art von Leben. Ich glaube, dass der Astrologe recht hatte und ich in der Gemeinschaft nur durch etwas anderes als ich selbst sein kann, indem ich abwesend bin.

Ich hasse Paradoxe, das stimmt, ich verabscheue sie. Und doch ist es das einzige Gesetz, worauf ich wirklich stoße. Das Paradox liegt im Gesetz selbst.

Sie finden mich verkopft, abstrakt, kryptisch.

Nächstes Mal werde ich bescheidener sein und Ihnen eine ordentliche Geschichte erzählen. Es muss doch möglich sein, die Stimme in mir zum Schweigen zu bringen. Das Ende ist ein Monolog, aber der einzige Sinn des Monologs ist, sich selbst aufhören zu lassen – Ruhe, Stille, Schweigen.

Montag, 29. September 1986 – 14.00 Uhr

Das Leben war viel einfacher, als ich noch an Gott glaubte. Ich glaube noch immer an Gott, wenn Sie so wollen, aber Er ist nicht mehr das, was Er einmal war. Gott verträgt es nicht, alles Mögliche zu bedeuten und der große Lückenbüßer zu werden in einem Stück, dessen Sätze sich nicht mehr reimen. Und das ist Er heute, ein Lückenbüßer für das Ungereimte. Ich weiß, dass ich das irgendwie nicht mit Ihm machen kann. Gott hat auch seinen Stolz.

Es ist schiefgegangen zwischen uns, als ich das Taschenbuch mit Monsieur Jean-Paul Sartres Vorlesungen über den Existenzialismus in die Hände bekam.

Ich war fast vierzehn.

Das Dorf, wo ich geboren bin, ist schön, und die Leute dort sind katholisch. Wenn man als Katholik geboren ist, weiß man es nicht besser, wenigstens eine Zeit lang.

Es ist überhaupt nicht schlimm, katholisch zu sein. Wir

hatten viele Feste und wenig Gesetze. Vom Pfarrer bekam man ein paar Regeln gesagt und lernte sie auswendig. Sie waren einfach und leicht zu behalten. Man konnte sich gar nicht vorstellen, dass diese Regeln nur für Katholiken gelten sollten, denn es war klar, dass augenblicklich das Chaos auf Erden ausbrechen würde, wenn nicht die ganze Welt sich an diese Regeln hielt.

Wer einmal Regeln im Kopf hat, kriegt sie so schnell nicht wieder heraus.

Ich hätte nicht gedacht, dass es schaden könnte.

Was soll ein Mensch auch ohne Regeln?

Die Fronleichnamsprozession war die schönste.

Dann gingen in aller Frühe die Frauen aus dem Dorf zusammen auf die Felder. Sie nahmen Schilfrohrkörbe mit. Die Blumen standen in voller Blüte.

Angeregt über Dinge redend, die Frauen in den Dörfern immer bereden, standen sie über den Boden gebeugt nebeneinander und zupften mit bloßen Händen die bunten Blütenblätter ab. Sie sammelten ihre Farbenernte in die Körbe, das Blau der Kornblumen, das Rot des Klatschmohns, das Purpur des Klees. Farn kann man nicht mit bloßen Händen ausreißen. Die Frauen, die sich um das Grün kümmerten, hatten alle eine Schere bei sich.

Ich war schon elf, als ich zum ersten Mal mit den Frauen hinausdurfte. Pflücken konnte ich zwar, das war nicht die Kunst, aber ich konnte nicht mit ihnen mitreden. Ich verstand die Dinge nicht, über die die Frauen redeten, wenn sie redeten. Die Geschichte von der Auferstehung Christi verstand ich besser.

Meist redeten sie über andere Frauen.

Ich war aufgeregt und freute mich auf die Prozession.

Ich war der Engel der Hoffnung.

Eigentlich wäre ich lieber der Engel der Liebe gewesen, aber in meiner Größe gab es nur ein grünes Kleid.

Sehr groß bin ich nie geworden.

Um zehn Uhr gingen wir ins Dorf zurück und streuten die Blütenblätter über den Asphalt. Die Straße wurde zu einem Farbenteppich. Eigentlich ein Jammer, dass jeder mit den Füßen darauftreten musste, aber damals dachte man nicht daran. Was schön war, war auch gut.

Während wir säend über die Straßen gingen, kamen wir an den Männern vorbei, die die weiß-gelben Fahnen am Straßenrand und an den Häusern befestigten. Darin waren die anderen Frauen mit ihren Altären beschäftigt. Unter einem offenen Fenster wurden Tische stufenförmig aufgebaut und mit schneeweißen, gestärkten Tüchern bedeckt. Die Reichen hatten Damasttücher, die meisten einfach Baumwolltücher, in die sie von Hand kleine Figuren eingestickt hatten.

Auf dem Altar wurden Leuchter mit brennenden Kerzen, Vasen mit Blumen und Heiligenbilder aufgestellt. Wer den Heiligen Josef am liebsten hatte, der stellte den Heiligen Josef auf, und wer es mehr mit Maria, dem Herzen Jesu oder dem Heiligen Franziskus hielt, der zeigte dies. So lernte man die Leute besser kennen.

Mein älterer Bruder war Ministrant, mein jüngerer war Hirte, und ich war bei den Engeln. Der Ältere ging seine eigenen Wege, er durfte in die Sakristei. Mein jüngerer Bruder und ich gingen zusammen zum Kloster, wo wir uns umziehen mussten. Er wollte eigentlich schon nicht mehr. Nicht wegen Gott. Er verkleidete sich nur nicht gern.

Die Hirten saßen unten, beim Pater. Ich musste eine Treppe hinauf, nach oben, wo die Nonnen sich um die Engel kümmerten.

Es roch nach Bohnerwachs und Hühnerbrühe.

Wenn ich hereinkam, hatten die Nonnen mit dem Erzengel immer schon alle Hände voll zu tun. Der Erzengel musste eine Stunde früher erscheinen als alle anderen Engel, denn es war jedes Jahr wieder ein großes Trara, die Flügel festzumachen. Einmal hatten sie sich während der Prozession gelöst und waren einem der kleineren Kinder vor die Füße gefallen, die mit dem Erzengel durch Bänder verbunden waren. Das Kind war über die Flügel gestolpert und für immer lahm geblieben.

Man könnte vom Glauben abfallen, wenn man so etwas hört.

Der Erzengel ist der schönste von allen. Er hat ein hellblaues Kleid und viele Extras. Einen Heiligenschein, Flügel und Bänder, an denen Kinder befestigt sind.

Aber um Erzengel zu werden, musste man mindestens einen Meter siebzig groß sein, und das war ich nicht.

Ein älterer Junge aus dem Dorf ging in der Stadt zur Schule. Er gab mir das Buch und meinte dazu, ich würde es ja doch nicht verstehen.

So etwas darf man mir nicht sagen.

Ich las es nachts im Bett. Irgendwie vermutete ich einen Zusammenhang zwischen dem Unverständlichen und dem Verbotenen. Zu Recht.

Ich weiß nicht, ob ich damals noch an Gott glaubte. Ich weiß nur, dass ich danach mein Bestes tat, um nicht mehr an Ihn zu glauben.

Was ich verstand, war Folgendes: Gott existiert nicht, und deshalb muss man selbst eine Entscheidung treffen und die Verantwortung dafür übernehmen.

Ich fand es ziemlich mutig von Monsieur Sartre, einfach so zu schreiben, daß Er nicht existiert.

Man kann ja nie wissen.

In jenem Jahr trat ich nicht mehr als Engel der Hoffnung auf.

Ich war Existenzialistin.

Den Weg, den die Prozession nahm, kannte ich. Ich hatte entschieden, mich am Fuß der monumentalen Treppe aufzustellen. Die Straße fällt an dieser Stelle etwas ab, und die Treppe führt zur Kirche oben auf dem Odiliaberg hinauf. Hier konnte ich die Prozession schon von Weitem sehen und mich an Ort und Stelle eingehend auf die Tat vorbereiten.

Es war nicht immer so.

Es gab eine Zeit, als ich ganze Vormittage in der Kirche oder drum herum zubrachte. Ich besuchte jede Messe und kümmerte mich danach um die vernachlässigten Gräber auf dem Friedhof. Zu Hause machten sie sich Sorgen wegen meines Glaubenseifers und versuchten mich mit allen

möglichen Mitteln abzulenken und von der Kirche fern-
zuhalten.

Also ging ich noch öfter hin und blieb noch länger dort.

Auch beim Pfarrer selbst spürte ich den nötigen Widerstand. Er zog mich immer an den Haaren, wenn er auf der
Treppe an mir vorüberging. »Na, Weißkopf«, zischte er
dann durch die Zähne, weil ich weißes Haar hatte.

Seit ich ihn gefragt hatte, ob ich Ministrant und später
Priester werden könne, so wie er, hatte ich den Eindruck,
dass er mich ruppiger grüßte. Manchmal tat es weh.

Ich glaube, Mädchen waren nicht unbedingt sein Fall.

Also setzte ich mich jeden Morgen so, dass er mich vom
Altar aus sehen konnte.

Man musste schon etwas dafür tun.

In der Ferne ertönten die Klänge der Musikkapelle und danach das rhythmische Beten der Männer und Frauen. Einer
betete mit lauter Stimme vor, und die anderen fielen ein.
Die Klänge strömten mir entgegen. Auf einmal wurde mir
weh ums Herz.

Ich habe Ihn gefragt, was mit mir los sei, und auch noch
gleich um Kraft gebeten, die Tat vollbringen zu können.
Danach wollte ich diese Gedanken am liebsten wegwischen,
denn so viel hatte ich auch kapiert, dass es für eine Existenzialistin unpassend war, Ihn noch länger zu belästigen.

Die Prozession kam näher. Der Priester ging voran mit er-
hobener Monstranz. Der goldene Strahlenkranz fing das
helle Morgensonnenlicht und warf es funkelnd in alle Rich-
tungen zurück. Hinter dem Priester gingen die Akolythen

mit dem Standbild der heiligen Odilia. Sie ist unsere Schutz-heilige. Sie kann Blinde wieder sehend machen.

Die Stimmen der Betenden wurden lauter und lauter. Rechts und links von mir begannen die Menschen nieder-zuknien und den Kopf zu senken.

So gehört es sich.

Meine Hände locker vor dem Bauch zu falten war die erste Konzession. Ich versuchte, mir ein paar Sätze aus dem Buch ins Gedächtnis zu rufen, aber mir fielen nur einzelne Wörter ein. Mensch, Freiheit, Verlassenheit, Entscheidung, Verantwortung, Taten.

Keine zehn Meter von mir entfernt funkelte die Mon-stranz, und die Prozession schritt voran. Rings um mich waren alle niedergekniet, ich war die Einzige, die noch stand. Vielleicht fällt es gar nicht auf, dachte ich noch. Ich bin so klein.

Bevor ich die zweite Konzession machte und die Augen schloss, entdeckte ich noch das schöne Gesicht meines Großvaters, dicht hinter dem Gestell mit dem Standbild. Er gehörte zu den ältesten Einwohnern des Dorfes und hielt einen Stock, an dem eine brennende Laterne baumelte. Er hatte ein Alter erreicht, in dem er bis in die vorderste Reihe der Erleuchteten vorgedrungen war.

Ihm hätte ich die Szene gern erspart, glauben Sie mir.

Fromm, aber kerzengerade stand ich mitten unter den Knienden und wartete, bis es vorüber sein würde, bis das Murmeln verebben und die Kadenz der Gebete sich den Berg hinaufschwingen würde, weit von mir weg.

Es dauerte eine Ewigkeit.

Plötzlich standen die Geräusche still, vor mir. Ich öffnete die Augen und blickte in das wutverzerrte Gesicht des Pfarrers. Er drehte sich in voller Breite zu mir um und hob die Monstranz hoch über seinen Kopf.

»Knien«, zischte er, »knie nieder vor dem Allerheiligsten, Weißkopf!«

Ich beugte die Knie nicht, ich stürzte auf sie nieder.

Ich wollte um Vergebung bitten, glaube ich, aber ich wusste nicht mehr, wer mir Vergebung schenken sollte, Gott, mein Großvater oder Monsieur Sartre.

Montag, 6. Oktober 1986 – 14.00 Uhr

Ich gehe gleich wieder. Ich habe Ihnen nichts mehr zu sagen. Ich verabschiede mich von Ihnen. Es war gut so. Ich habe Ihrer Bitte entsprochen und die Geschichte aufgeschrieben. Da war ich einen Augenblick lang überglücklich, zum ersten Mal seit Langem. Das war's dann wohl. Nun gut.

Den entscheidenden Anstoß hat nicht einmal so sehr Ihre Analyse gegeben, denn ich weiß nicht, ob ich mit Ihren Interpretationen einverstanden bin oder nicht. Es war eher das Wunder, dass Sie ihr Bedeutung beimessen konnten, der Geschichte selbst.

Die Geschichte ist für Sie, ich hab' sie unterschrieben und lasse sie hier liegen. Ich habe noch eine Kopie.

Mir ist nur kein Name für die Geschichte eingefallen. Ein Titel deckt doch nie den Inhalt.

Amsterdam, Juni 1990

Sechs fürchterlich schlechte Buchanfänge
oder: Kann man ruhig so abliefern, das Lektorat geht ja eh noch mal drüber

1. Autobiographie

Heute ist ein ganz besonderer Tag, denn es ist der 24. Februar, 8 Uhr siebenunddreißig. Gestern war mein 72. Geburtstag. Deshalb habe ich jetzt gerade eine schöne Kanne Tee gemacht und mich am Schreibtisch schön gemütlich gemacht. Jetzt geht es endlich los! Ich werde auf den nun gleich folgenden Seiten mein Leben erzählen, und zwar aufgrund von ausdrücklicher Anregung und Wunsch von Margot, die nicht nur meine »bessere Hälfte« und zwei wunderbare Kinder und drei kerngesunde Enkelkinder geschenkt hat, worauf ich an späterer Stelle sicherlich noch einmal näher zurückkommen werde. Sondern vor allem wäre ich ohne ihre stets treue Unterstützung und Hilfestellung an meiner Seite wohl kaum mehr als dreißig schöne, aber auch aufregende Jahre lang stellvertretender Geschäftsführer des Nordhessischen Abfallwirtschaftsverbands geworden, wofür ich ihr an dieser Stelle meine tief empfundenen Dankbarkeit versichern möchte.

Es war nämlich niemand anderes als Margot, die mir während unserer gemeinsamen Vergangenheit immer wieder einmal und auch erst gestern anlässlich meines zweiundsiebzigsten Geburtstages wieder einmal ans Herz gelegt hat: Hubert, was du schon alles einmal erlebt hast, musst du unbedingt einmal alles aufschreiben! Sonst kann sich da ja später keiner mehr an das alles erinnern. Und nun raten Sie doch mal, lieber Leser (oder eben liebe Leserin, muss man ja neuerdings immer mit dazu erwähnen, obwohl es früher einmal selbstverständlich gewesen ist), was sie damit wohl meinen könnte?

Nun, um nur einige der »Highlights« schon gleich mal vorweg zu »verraten«, zum Beispiel mein privates Treffen in meinem häuslichen Wohnzimmer zusammen mit dem leider verstorbenen Wirtschaftsbundesminister Martin Bangemann (CDU) sowie zwei aktiven Staatssekretären, was dem NAWV einen enormen Nutzen gebracht hat. Sodann mein Gewinn bei den niedersächsischen Tischtennismeisterschaften in der Kategorie männliche Jugend C, wobei mein Finalgegner niemand anderer war als der spätere Olympiateilnehmer Nikolaus Musenpuhl, den ich trotzdem in einem hochdramatischen Duell letztlich doch noch erfolgreich niederringen konnte. Oder auch meine unvergessliche Bildungsreise zu den weltberühmten Tempelanlagen von Datsch Mahal, wobei letztere aus terminlichen Gründen auf meine Pensionierung verschoben werden mussten. Aus all den vorgenannten Gründen soll das nun nachfolgende Werk meiner lieben Margot, geborene Zeiser, gewidmet sein. Anschließend an diesen einleitenden Vorbemerkungen will ich nun aber anfangen.

Apropos anfangen: Es lebt ja bekanntlich in jedem Anfang, wie man so schön sagt, ein Zauber verborgen. Nie-

2. Adelsroman

Comtesse Amélie-Ophelia du Lecénçaux, Tochter des Marquis Philippe-Hénri IV. von Raboiscêrès-aux-Hénauxville und Coufvères-Vreaubourg-sur-Frâtoulais-la-Ribeauboux und der Baronin Hèrmine-Clauduelle Lévfèbfvrckx, Freifrau von Geauvaujeumont-Faucoubleau und L'Oréal-Brêzél, stand im Turmzimmer des Palais Bárouceaux-le-Hoisemorency unweit von Clayonceau-sur-Babouillet und legte sich ihr reichhaltig mit Smaragden, Rubinen und Saphiren besetztes Schmuckstilett, erlesenste Handwerkskunst der geschicktesten Meister aus den berühmtesten Werkstätten von Chateaubriand-avec-Pommes, mit zitternden Händen an ihre wohlgeformte Brust, die schneeweiß und verführerisch durch ihr hauchzartes Seidennégligèe schimmerte.

»Adieu, mein geliebter Rénault-Rodolphe-Rainier«, rief sie mit erbebender Stimme. »Ich scheide nun aus der Welt, doch dereinst im Himmelreich werden wir uns wiedersehen! Das hat mir Frère Théophile erklärt, welcher mir während seiner Tätigkeit als mein Privatlehrer so manchen interessanten Denkanstoß mit gegeben hat. Das ist ein guter Trost, finde ich. Auf der anderen Seite wiederum ist es aber auch sehr traurig, dass ich mir in wenigen Augenblicken den Dolch ins Herz rammen muss, wo sich meine atemberaubende Schönheit doch gerade erst voll entfaltet hat.«

»Gibt es denn gar keinen anderen Ausweg?«, erkundigte sich der Liebhaber, dem es gar nicht gefallen mochte, dass sich ausgerechnet seine Geliebte umbringen wollte. Er hatte gerade erst die weite Reise von L'Orfaulage-sur-la-Terre hinter sich gebracht. Der lange Ritt steckte ihm noch ganz schön in den Knochen, und er fühlte sich ehrlich gesagt ziemlich groggy. Eigentlich hatte er sich ihr Wiedersehen ganz anders vorgestellt. Das konnte er jetzt schon sagen, obwohl er noch gar nicht wissen konnte, dass sie sich gleich wirklich umbringen würde. Er sah übrigens sehr gut aus mit seinen langen braunen Haaren, die ihm über seine himmelblauen Augen hingen, so dass er sie sich dauernd zur Seite wischen musste, damit er überhaupt etwas sehen konnte. Amélie-Ophelia hatte mit dem gleichen Problem zu kämpfen, obwohl sie blond war und grüne Augen hatte, was jedoch auch sehr gut aussah bei ihr.

»Leider nicht«, sagte nun die bildhübsche Adelige, die Frage aufgreifend, bekümmert. »Mein Vater ist, wie du weißt, von Beruf Marquis, was sich am besten mit Markgraf übersetzen lässt. Jetzt hat er sich neuerdings überlegt, dass ich Alphonse-Frédéric-Bérnard von Trépoullier-Argounieux heiraten soll. Ich muss dir nicht erklären, dass mein Vater dadurch Einfluss auf die fruchtbaren Ebenen von Deudereudeudeu gewinnen würde, wo sich, wie dir zweifellos bekannt ist, reiche Schätze an Tulpenöl und Hühnerhonig befinden. Da kommt gewinnmäßig so einiges zusammen, logisch. Das Problem ist jetzt aber, dass ich Alphonse-Frédéric-Bérnard von Trépoullier-Argounieux überhaupt nicht liebe. Ich liebe doch nur dich!«

»Trotzdem wirst du Alphonse-Frédéric-Bérnard von

3. Fantasy-Saga

Im Urämischen Zeitalter, als die Gumbronen die uneingeschränkte Herrschaft über die Insel Urubu innehatten, die zuvor von der sagenumwobenen Kupferkönigin Salana an ihren Neffen Trobor übertragen worden war, welcher sie jedoch bald, benebelt vom Ygeron, den ihm der Unhold Qualf hinterrücks in den Bart geträufelt hatte, beim Fnödörspiel an den Lofroiden Webu verlor, der sie nur einen Halbmond später seiner Gegenspielerin Znala im Tausch gegen das Land Holobur anbot, was jene jedoch brüsk zurückwies, da sie bereits große Territorien im Gnagafor-Gebirge ihr eigen nannte, welche vornehmlich von Snorowuken bevölkert wurden, die sich in einem permanenten Kriegszustand mit den einfallenden Holukiden aus Chasaria befanden, aus dem letztlich die Dromburer mit ihrem legendären Anführer Kanagar gestärkt hervorgingen, weshalb das Schicksal des einstmals übermächtigen Reichs von Ürük im gleichen Augenblick besiegelt war, da Halabun, der im Heiligen Buch von Xemu auch Rauwak heißt, von einem arg lustigen Wicht mit arglistiger Wucht niedergestreckt wurde.

In den Magischen Chroniken der Zwölf Heiligen Stämme von Erexon ist festgehalten, dass ein Ritter des Noyo-Ordens aus dem Kampf mit einem geflügelten Zentauren siegreich hervorgeht, sofern er zuvor ein Elixier aus der Hirnschale des Kerynitischen Löwen eingenommen hat, in welchem hundertfünfundzwanzig zermahlene Backenzähne des Drachens Togoroz verquirlt sind. Andernfalls gewinnt der Zentaur, vorausgesetzt, es gelingt ihm, die Riesenspinne Butuk zum Lachen zu bringen UND zwölf Elben ODER elf Elfen und einen Schnilch um sich zu scharen. Einen Schnilch erhält, wer sich als versiert erweist in der Kunst, die Ungeschriebene Zusatzstrophe des Gewobag-Liedes auswendig vorzulesen. Dafür gibt es zehn Bonuspunkte, die beim Spielleiter eingetauscht werden können gegen einen drakonischen Wurfsäbel ODER einen Backenzahn des Drachens Togoroz UND eine Farbkarte nach Wahl, und zwar nach folgendem Schema: Im Verhältnis drei zu eins, wenn der Spieler zugleich im Besitz des Goldenen Harnischs von Reingar dem Hochnotpeinlichen ist ODER gegen eine Freirunde, wenn der neue Wurf auf Zauberer oder Fragezeichen zeigt. Ein versehentlicher Fehltausch ist nur in der gleichen Runde oder bei nächstbester Gelegenheit erlaubt. Andernfalls muss man zwei Felder vorrücken und die Allesentscheidende Frage beantworten.

»Du hast nun, treuer Gefährte, alle Abenteuer siegreich bestanden. Du hast die Unterwassersümpfe von Agawanda durchschritten, das Schwert mit den Tausend Klingen geleckt und den Goldenen Harnisch von Reingar dem Hochnotpeinlichen in deinen Besitz gebracht. Das berechtigt dich, die Allesentscheidende Frage zu hören. Bist du bereit?«

»Ich bin es, o Meister Loxon.«

»So werde ich dir nun die Allesentscheidende Frage stel-

4. Thriller

Es war Silvester. Draußen war ordentlich was los. Aber Jack D. Fallow war überhaupt nicht nach Feiern zumute. Er legte seine Schuhe mit den Füßen drin auf den Schreibtisch und kratzte sich nachdenklich am Kinn, das schon randvoll war mit Bartstoppeln. Er hatte noch nicht mal mehr Geld, um sich ordentlich rasieren zu lassen. Ojemine! Er sah ja schon aus wie ein Ganove!

Jack war der beste Profikiller von ganz Chicako. Sein Job machte ihm eigentlich immer noch viel Spaß. Seine Auftraggeber waren meistens auch sehr zufrieden. Er konnte praktisch alles, Abknallen sowieso, auch Aufknüpfen an einen Baum und vor die S-Bahn schubsen und so weiter. Aber auch schwierigere Sachen, wie zum Beispiel Vergiften mit einer Überdosis Vitamin C oder Einfrieren mitten im Sommer, wenn das Eis für den Eisschrank superteuer ist. Der Kunde ist eben König und hat manchmal echt verrückte Wünsche. Jack hatte schon die dollsten Dinger erlebt. Er könnte die lustigsten Geschichten erzählen!

Nun sind wir auch schon mittendrin im Problem. Jack durfte nämlich niemandem verraten, was er beruflich machte. Das war geheim, streng genommen sogar illegal. Wie schnell hat man in weinseliger Runde mal was ausgeplaudert. Und wenn dann zufälligerweise die Polente um die

Ecke kommt, au Backe. Dann ist man der Gelackmeierte und sitzt ordentlich in der Tinte. Das ist Jack aber noch nie passiert. Er war eben ein echter Vollprofi.

Nun war das aber genau das Dumme, dass Jack keine Werbung für sein Geschäft machen durfte (Stichwort Sicherheitsgründe). Deshalb wussten viele Chikagoer und -erinnen gar nichts von ihm, und Angebot und Nachfrage fanden nicht so gut zusammen, wie es in den BWL-Lehrbüchern beschrieben steht. Und deshalb hatte Jack nie Geld, obwohl er gerne mehr gearbeitet hätte. Es zum Haareraufen!

Nun klopfte es auf einmal plötzlich unerwartet an der Tür. Dann trat ein geheimnisvoller Fremder ein und gab bekannt, dass er auf der Suche nach einem Killer wäre. Das würde ja prima passen, gab Jack zurück, er würde nämlich einen kennen. Er sagte aber extra nicht dazu, dass er es selber war (Stichwort Sicherheitsgründe). Dann betonte der Fremde, er würde Jack hunderttausend Dollar zahlen, wenn dieser dafür einen ganz bestimmten Mann umnieten würde. Er sagte aber ausdrücklich den Namen des Mannes nicht dazu. Dann gab Jack dem Fremden die Hand und versprach, dass der Mann praktisch schon tot wäre, versprochen. Als das geschehen war, gab der Fremde Jack einen zusammengefalteten Zettel und informierte Jack, dass der Name des umzunietenden Mannes auf dem Zettel stehen würde. Zu guter Letzt verschwand er so schnell, wie er gekommen war.

Nun brach Jack innerlich in einen lauten Jubel aus: Hunderttausend Dollar! Das war damals viel Geld! Gut gelaunt faltete er den Zettel auseinander und las: *Der Mann der umgenietet werden soll heißt: Jack D. Fallow.*

Nun befand sich Jack in einer fürchterlichen Zwick-

5. Jugendbuch

Die Schulglocke läutete. Endlich große Ferien! Pat und Ricky, die beiden Backfische aus der 8c, warfen ihre Federmappen in die Ranzen und flitzten so flink wie der Sausewind aus dem Klassenzimmer.

»In den nächsten sechs Wochen könnt ihr euch den Satz des Pythagoras ja noch mal gründlich durch den Kopf gehen lassen«, rief ihnen Herr Hypotenusenquadrat hinterher. Herr Hypotenusenquadrat war der Mathepauker und hieß in Wirklichkeit Herr Weber. Aber so nannte ihn kein Mensch, alle kannten ihn nur als Herrn Hypotenusenquadrat.

»Bei dem piept es wohl im Oberstübchen!«, grinste Ricky gutgelaunt. »Morgen fahren wir auf die Zeltfreizeit am Waldsee, um uns zu empowern. Da kann sich Herr Weber seinen ollen Pythagoras an den Hut stecken!«

»Genau so ist es, meine liebe Ricky!«, grinste Pat vergnügt. »Herr Weber denkt, er wäre der Babo, aber er hat einfach nicht den Swag. Die Mathestunde war ja heute mal wieder der reinste Niveaulimbo!«

»Der ist dermaßen lost, dass es einfach nur cringe ist«, grinste Ricky ausgelassen. »Ich wette, der geht heute noch auf eine Gammelfleischparty. Aber sag mal, wer ist denn dieser Smombie da drüben? Der starrt ja so angestrengt auf sein Smartphone, dass er seine Umgebung kaum noch wahrnimmt!«

Pat erstarb das Grinsen auf ihrem Gesicht. »Ach du grüne Neune, mich laust der Affe«, zischte sie verblüfft. »Das ist doch Tom aus der 9a! Hoffentlich traumatisiert der uns nicht wieder mit seinen Mikroaggressionen!«

»Ja genau, i bims«, grinste Tom hinterlistig. »Tom, der Ehrenmann.«

»Und warum surfst du gerade im World Wide Web?«, zischte Ricky argwöhnisch.

»Ich habe soeben in die Suchmaske einer Suchmaschine den Suchbegriff ›Zeltfreizeit am Waldsee‹ eingegeben«, grinste Tom verschlagen. »Auf diese Weise kann ich im Handumdrehen weiterführende Informationen zum Thema finden. Jetzt weiß ich, wo eure Freizeit stattfindet: auf dem Campingplatz am Waldsee nämlich!«

»Falls du etwa meinst, dass du mitkommen kannst – vergiss es«, zischte Ricky empört. »Die queerfeministische Zeltfreizeit richtet sich ausschließlich an FLINTA*, also an Frauen, Lesben, inter, non-binäre, trans und agender Personen. Das heißt an alle, die aufgrund ihrer Geschlechtsidentität patriarchal unterdrückt werden.«

»Na sieh mal einer guck, das passt ja wie die Faust aufs Gretchen!«, grinste Tom heimtückisch. »Dann bin ich da ja genau richtig. Ich bin nämlich non-binär!«

»Ich glaub, mein Schwein pfeift!«, zischte Ricky entrüstet. »Du hast dich doch gerade eben als Ehren*mann* definiert, dich also selbst eindeutig in das binäre Geschlechtersystem eingeordnet!«

»Ja, weil ich heute zufälligerweise die männlichen An-

6. Reisebericht

Meine Großmutter war eine einfache Frau. Man könnte auch sagen: Sie war nicht gerade die hellste Laterne im Lampenladen. Kein Wunder, sie hat ihr Leben lang geschuftet und ist fast nie aus ihrem Kaff rausgekommen. Da wird man halt früher oder später ein bisschen dumpf in der Birne. Das soll jetzt aber kein Vorwurf sein oder so. Es war halt eine andere Zeit. Da waren die Leute alle so.

Ich habe meiner Großmutter viel zu verdanken. Eine ihrer »Weisheiten« lautete: »Wenn einer eine Reise tut, dann kann er viel erzählen.« Das hatte sie wohl irgendwo mal aufgeschnappt. Aber das muss ja nicht heißen, dass da nichts dran ist. Es ist sogar ziemlich viel dran. Ich weiß das aus eigener Erfahrung.

Vor ein paar Jahren hat meine Großmutter ihre letzte Reise angetreten; eine Reise, von der sie nichts mehr erzählen kann. Um es unmissverständlicher zu formulieren: Sie ist gestorben. Sie hatte wortwörtlich gerackert bis zum Umfallen. Also, ich persönlich finde ja nicht, dass das so ein wahnsinnig lohnenswertes Lebenskonzept ist. Wie auch immer: Von der Erbschaft habe ich eine dreijährige Weltreise gemacht. Meine vielfältigen Eindrücke werde ich hier schildern. Meine Großmutter wäre jetzt sicherlich stolz auf mich. Obwohl, eigentlich hat sie nie ein Buch gelesen, also wäre es ihr vielleicht auch egal. Man weiß es nicht genau. Sie ist ja, wie gesagt, tot.

Ein anderer Spruch, den man oft hört, geht so: »Reisen bildet.« Der ist ebenfalls richtig. Menschen, die nicht so viel gereist sind wie ich, haben den Kopf voller blöder Vorurteile. Zum Beispiel gelten die Griechen als dick, die Australier als notorisch unpünktlich und die Japaner als rauflustig. So hat man es tausendmal im Kino gesehen. Irgendwann weiß man schon gar nicht mehr, was stimmt und was nicht. Da hilft nur eins: hinfahren und nachschauen. Genau das habe ich gemacht. Dabei habe ich eine ganze Menge gelernt über die Welt.

Zum Beispiel habe ich festgestellt, dass die Griechen gar nicht dick sind, sondern die Amerikaner. Das kommt davon, dass sie den ganzen Mist fressen, der ihnen in der Reklame gezeigt wird. Fairerweise muss man aber auch dazusagen, dass ich auch Amerikaner gesehen habe, die überhaupt nicht dick waren. Und es gibt auch welche, die sind zwar dick, können aber nichts dafür, weil es bei ihnen zum Beispiel an den Genen liegt oder an irgendwelchen Hormonen. Über die würde ich keine Witze machen.

Wenn man mit offenen Augen durch die Welt geht, sieht man überall Kontraste. In der Karibik zum Beispiel gibt es bittere Armut, aber auch hervorragende Luxusresorts mit einem ausgezeichneten Service. Rio de Janeiro ist weltberühmt wegen seinem Jesus und seiner Kriminalität – aber hätten Sie gedacht, dass man dort genauso Karneval feiert wie zum Beispiel in Düsseldorf?

Oder nehmen wir zum Beispiel Hongkong. Die meisten Leute verbinden Hongkong ja nur mit King Kong. Das

Wenn das so ist

In Koblenz stieg ich aus dem Zug. Wolkenloser Himmel über dem Deutschen Eck. Bundeswehrreservisten mit Strohhüten und Bierfahnen. Ja, und der Rhein und die Dampfer, und die MS Vaterland auf dem Weg nach Bonn, Bordkapelle, deutscher Wein und Ausflügler. Ich machte allerdings keinen Ausflug. Ich war unterwegs zu meiner ersten Lesung.

Sie holte mich an der Sperre ab. Ein etwas verhuschtes junges Wesen mit mausbraunen Haaren und Brille und giftgrünem Pulli, der die dünnen Arme betonte, und eine Figur, die auch noch etwas Fleisch und Muskeln brauchte. Jeans. Die Stimme war allerdings noch genauso erotisch wie die, die mich vor ein paar Tagen mittags aus dem Schlaf gerissen hatte.

»Spreche ich mit Harry Gelb, dem Autor von *Stamboul Blues*?«

»Ja, gestern Nacht war ich's noch. Worum geht es denn?«

»Ich hab deine Telefonnummer von deinem Verleger, der hat gemeint, du würdest sicher auch mal eine Lesung machen bei uns.«

»Wo ist das denn?«

»Ja, das ist in Montabaur, wir haben da einen Klub, da machen wir Veranstaltungen, das ist auf dem Land ja nicht so einfach, kulturell etwas zu machen, aber wir haben hier schon gute Leute gehabt …«

Sie zählte ein paar auf, es waren Namen, die ich alle von Aldo Molls Infos kannte, nun ja, mich kannten sie wohl auch aus diesen Infos, Harry Gelb, Verfasser von *Eisbox* und *Stamboul Blues.* Die Stimme war so vielversprechend, dass ich sofort zusagte, ich hatte ohnehin noch einen freien Tag. Montabaur, irgendwo da oben am Westerwald, frische Luft und willige Mädchen, und irgendwann musste man sich dem Publikum ja mal stellen, dem Test der Öffentlichkeit, das rohe Herz der Poesie sich aus dem Leib reißen lassen, für Fahrtkosten und Vortragshonorar.

Da stand sie also nun mit einem Exemplar von *Stamboul Blues* und hatte immer noch eine erotische Stimme und hieß Gerda und arbeitete in Koblenz bei der Post.

»Wir müssen jetzt einen Bus nehmen«, sagte Gerda, die auch nicht gerade besonders angetan schien von mir. Dabei hatte ich mein bestes weißes Nyltesthemd an, meine Trevirahose war frisch gebügelt, und ich war nach der Schicht auch brav nach Hause gegangen und hatte noch ein paar Stunden gepennt. Aber wahrscheinlich hatte Gerda einen wuschelhaarigen Hippie mit Ohrring, dreckigen Fingernägeln und geflickten Jeans erwartet, der ihr gleich einen Joint anbot und vom Paradiso in Amsterdam schwärmte.

»Ich würde ganz gern noch ein Bier trinken«, sagte ich.

Sie warf mir einen misstrauischen Blick zu, steuerte uns aber über den Bahnhofsplatz in die Cafeteria von Hertie. Sie schleckte ein Eis, ich trank eine Halbe. Natürlich trat mir prompt der Schweiß auf die Stirn, und das Hemd wurde feucht auf der Brust. Gerda sah aus, als würde sie schon überlegen, wie sie mich am besten loswerden konnte. Ich bot ihr eine Camel ohne an, aber rauchen tat sie auch nicht. Ich zahlte. Wir gingen. Es war erst vier Uhr nachmittags. Die Lesung war für acht angesetzt.

Der Postbus war überfüllt. Pendler, Bauern, Marktleute, Hausfrauen, Bundeswehr, und mittendrin ein Mitarbeiter der Wach- und Schutzbranche unterwegs zu einer Dichterlesung. In dieser Gegend war ich als Halbwüchsiger schon gewandert, sie hatte sich seitdem entschieden bevölkert – ganze Wüstenrot-Siedlungen im schlichten Fertighausverfahren, dann die Bungalows an den Hängen, die Zubringerstraßen, die Autobahntrassen, Grossomärkte, Einkaufszentren, Möbellager, und die Bundeswehr hatte sich auch ausgebreitet mit allem, was dazugehörte, von der Raketenstellung bis zur Bundeskegelbahn. Ich sah mir das eine halbe Stunde an, dann wollte ich endlich von Gerda wissen, was das für ein Klub sei, der die Lesung veranstaltete.

»Oh, wir sind eine Art Jugendbildungsklub«, sagte sie, »wir haben da verschiedene Interessengruppen, Literatur, Film, Theater, Sport ... für Montabaur ist das schon sehr progressiv.«

»Ja, wer steckt denn dahinter?«

Wieder ein misstrauischer Blick. »Niemand steckt dahinter, wir organisieren das alles selbst, neulich bei der Lesung waren über hundert Leute da, und der hat auch ganz toll gelesen, kennst du den, der ist doch auch in deinem Verlag?«

Ich wusste, wen sie meinte. Reiner Schwachsinn. Wenn so etwas schon ein Erfolg war, wäre die Stadthalle zu klein für mich.

»Ja«, sagte ich, »Montabaur ist doch katholisch, das ist aber nicht die Kirche oder die CDU, die das managt?«

»Nicht direkt«, sagte Gerda. »Lebst du eigentlich vom Schreiben?«

Ich hätte dringend ein Bier gebraucht, ein Bier und etwas Stärkeres. Eine Lesung bei der Jungen Union, das war es also. Vom Aushilfsanarchisten zum katholischen Cut-up. Wir näherten uns Montabaur. Die Stadt sah auch entschieden misstrauisch aus.

»Nicht direkt«, sagte ich, »ich habe auch noch einen Broterwerb.«

Ihr Blick war zum ersten Mal etwas neugierig. »Und was machst du da?«

»Ich arbeite in der Sicherheitsbranche«, antwortete ich und sah dann auf die Straße, den Hochhäusern entgegen, den Reihenhäusern, den Fachwerkhäusern, der City von Montabaur.

Bis acht war noch eine Menge Zeit. Ich schlug einen Treffpunkt vor, um bis dahin einen Kneipenbummel einzulegen – »ich will ja auch was von Montabaur sehn«, sagte ich –, aber Gerda wollte nichts davon wissen. Sie ahnte, dass ich den nächsten Bus zurück nahm, wenn sie mich eine Sekunde aus den Augen ließ. Stattdessen gingen wir zu anderen Leuten aus dieser ominösen Gruppe, es gab Tee und Leberwurstbrötchen, und es wurden Platten gespielt, ja, Lou Reeds Junkie-Sound war auch in Montabaur populär, Lexington Avenue oder Koblenzer Landstraße, die Elektroindustrie hatte alles im Griff. Ob die Jungs da in der Jungen Union wirkten oder im Trachtenverein, bei der ÖTV oder in der Rotzjur, wo lag der Unterschied? Sie gehörten dazu. Ich gehörte auch dazu. Das Zeitalter der Reproduktion ließ keinen mehr aus.

Ort der Veranstaltung war das Freizeitheim auf dem Gelände neben einer Kirche. Ja, die Kirche sorgte für ihre Schäfchen, es war alles da, vom Kinoraum über die Tischtennisplatten bis zum Bierkeller, und Bier war auch da, eine Mark die Flasche, aber die Vortragskünstler durften gratis süffeln. Ich fing sofort damit an und betrachtete mir das Publikum, das Publikum meiner ersten Lesung. Mein Vorgänger hatte hundert gehabt, bei mir waren es eher weniger, in Montabaur war ich noch kein Knüller. Im Schnitt waren sie um die achtzehn, und es überwog der rustikale Sonnyboy-Typus, der schon im Eigenheim aufgewachsen war mit entsprechender Perspektive auf Mehrung des ererbten Vorteils, handfest und jovial, man sah schon die Specknacken und Doppelkinne der künftigen Kreishandwerksmeister und Majore der Reserve, der Landtagskandidaten und Provinzspekulanten, der CDU-Frauenschaftsrätinnen und der Provinzpuffmütter, aber einige Gesichter waren auch hier in Montabaur dabei, in denen schon anderes sich abzeichnete, die unsteten Augen derer, die bald auf der Flucht sein würden.

»Also, Herr Gelb«, sagte der Jugendpfarrer, der schwarzes Tuch und einen blauen Rollkragenpulli trug, »Sie werden gestatten, dass wir erst mal unsere internen Angelegenheiten kurz regeln, also, Kinder, jetzt mal Ruhe da, was gibt es heute Abend zu besprechen, die Filmwoche, Horst hat das Wort!«

Sie brauchten eine Dreiviertelstunde, um ihre internen

Angelegenheiten durchzukauen. Das Vereinswesen blühte, es blühte auch im katholischen Jugendklub Montabaur, auch hier gab es den Sachzwang, die Abweichler, die Kassenlage, den Mitgliederschwund, die Öffentlichkeitsarbeit, die technische Seite der Dinge, die Einübung in die kommenden Aufgaben, Demokratie, Kirche, Staat. Und damit ja nicht die Fortpflanzung vergessen wurde, durften die Mädels ruhig auch schon die knappen BHS tragen, die Stretch-Jeans, die blonden Locken und die roten Lippen, damit die Kerle allmählich fickrig wurden auf die Hochzeit, damit sie wussten, dass sie draufhalten mussten, wenn der Russe kam. Deshalb war auch so eine kulturelle Einlage nicht schlecht, da hatten sie vor Augen, wohin es führen konnte, wenn man nicht bei der Stange blieb, das Asoziale regte auch zum Nachdenken an und veranlasste vielleicht den einen oder anderen Schwankenden, sich lieber der Kulturarbeit der Jungen Union anzuschließen, als die Herde zu verlassen und ein Heroindichter zu werden.

Schließlich hatten sie alle ihre Tagesordnungspunkte geklärt oder vertagt, ich las. Ich hatte nun doch schon einige Biere gehabt, für meine 50 DM Honorar – »wissen Sie, Herr Gelb, wir sind ja nur ein Jugendklub«, hatte der Jugendpfarrer mir die Sachlage erklärt – sollten sie eine gute Show haben. Ich las ein Kapitel aus *Stamboul Blues*, ich las ihnen Tophane vor, die Nebelhörner über dem Goldenen Horn, die Opiumhöhlen, die Nadeln, die im Arm abbrachen, die Süchtigen, die Paranoia und die Toten, die Stakkato-Sätze aus der Düsteren Straße, aus Schmargendorf City. So etwas hatte in Montabaur noch keiner zum Vortrag gebracht, und so bald würde es auch keiner mehr tun, ich las, was das Zeug hielt. Dann machte ich eine kurze Pause und trank noch ein Bier. Mein Nyltesthemd war völlig durchgeschwitzt, zerknäulte Tempotaschentücher ballten sich in den Hosentaschen zu feuchten Klumpen. Mein Publikum schien etwas ratlos, so ratlos wie die Verlagslektoren, die mir seinerzeit abgeschrieben hatten: »Sehen wir uns nicht in der Lage«, »an der Realität wohl doch etwas vorbei«.

»So«, sagte ich und wischte mir den Mund ab, »und jetzt noch ein paar Gedichte.« Als ich auf die Uhr blickte, hatte ich über eine Stunde gelesen. Ich faltete die Blätter zusammen. »Danke«, sagte ich, »ich bin bedient. Ich hoffe, ihr auch.«

Einige lachten. Meine 50 DM hatte ich mir damit aber noch nicht verdient. Der Pfarrer eröffnete die Diskussion.

»Nun«, sagte er, »da haben wir ja etwas andere Töne vernommen als bisher bei unseren literarischen Veranstaltungen, ich denke an den jungen Mann vom Werkkreis der Literatur oder auch an die Satire-Lesung neulich, Satire war das hier wohl nicht, Herr Gelb?« Er hatte mehr Lacher als ich. »Wenn wir das nun einordnen wollen, dann bieten sich sicherlich Vorbilder an aus dem Amerikanischen, ich denke da an Jack Kerouac …«

Ich hielt mich am Bier fest. Mit der Diskussion hatte ich nicht gerechnet. Ziel der Diskussion schien es zu sein, den Autor kleinzukriegen, es war der Augenblick, in dem die mit einer 2 in Deutsch den Mund aufmachten und zur Sprachkritik ansetzten, ja, war das denn überhaupt gutes Deutsch, diese zerhackten Sätze, konnte man denn vom Leser erwarten, dass er das mitvollzog, und waren das überhaupt Gedichte oder war das nicht doch Prosa, aber eben auch so eine, ich möchte mal sagen, eher kunstlose Prosa, aber eben auch nicht Alltagssprache, so eine aufgemotzte Sprache, und das Sexuelle, musste man das so krass aussprechen, es war ja fast irgendwie frauenfeindlich, und dann fehlten in diesen Texten doch auch irgendwie alle sozialen Bezüge. Das ist Entertainment, dachte ich, das ist Literatur, für 50 Mark musst du auch noch auf die Knie fallen und sagen, ich bin ein Vollidiot, ein Nichtsnutz, ein asozialer Weiberfeind, eine Gefahr für die öffentliche Ordnung. Selbst dran schuld, dachte ich, wenn du auf jede erotische Stimme am Telefon reinfällst. Das war es, man ließ sich das Herz aus dem Leib reißen, aber die willigen Mädchen waren alle schon vergeben an den JU-Ortsvorstand und die smarten Buchhandelslehrlinge, und mit der frischen Luft war es auf dem Land auch nicht mehr weit her.

Sie brachten mich dann noch zurück nach Koblenz an den letzten Zug, Gerda ließ sich nicht mehr blicken. Der Pfarrer fuhr einen alten vw, und mit dabei waren noch zwei Sympathisanten, zwei mit langen Haaren und abgewetzten Lederjacken, die wohl den örtlichen Drogenhandel unter sich hatten und nun nicht recht wussten, ob sie mir noch von ihrem selbst angebauten Gras etwas anbieten sollten, ich nuckelte ihnen wohl doch etwas zu hingebungsvoll an der Bierflasche.

»Wo kann man dich denn in Frankfurt mal treffen?«

»Meistens im Schmalen Handtuch.«

»Aha, ist da die Scene jetzt?«

»Ach ja, kann man sagen.«

Ich beschrieb ihnen, wo das Schmale Handtuch lag.

»Ja, da werden wir mal vorbeischaun.«

»Echt scharfe Sachen schreibst du«, sagte der andere, »aber jetzt bist du ja nicht mehr so drauf.«

»Es geht«, sagte ich.

»Glauben Sie nicht«, sagte der Jugendpfarrer, »dass die Literatur doch auch eine gesellschaftliche Aufgabe hat, gerade wenn ich mir ansehe, wie das jetzt auf dem Land zu Brüchen kommt, zu Veränderungen innerhalb kurzer Zeit, wo sich früher in Jahrzehnten gar nichts verändert hat?«

»Tja«, sagte ich, »bei der Literatur ist es ja so, dass jeder glaubt, er weiß, wofür sie gut sein soll. Der, der schreibt, hat meistens ganz andere Probleme.«

»Ich war ja früher auch im Arbeitsprozess«, sagte der Pfarrer, »ich war in der Möbelbranche in Frankfurt, dann bin ich in die Sozialarbeit gegangen, gerade in meinem Bereich braucht man doch die soziale Erfahrung, ich finde, die Literatur, die Kunst muss doch da auch sich mehr einbinden lassen in die gesellschaftlichen Prozesse … «

Endlich waren wir am Bahnhof in Koblenz.

»Da wäre noch die Frage meines Honorars«, sagte ich.

»Ach ja«, sagte der Jugendpfarrer, »das wär ja jetzt was gewesen, wenn wir das vergessen hätten, na, ich meine, Sie haben das Geld sich auch wirklich verdient, im Schweiße Ihres Angesichts, gell?«

Er zahlte mir die 50 DM aus. Ich verabschiedete mich. Ich hatte noch eine halbe Stunde Zeit, aber die einzige Kneipe in der Gegend war ein Wienerwald, und ich hatte das Gefühl, den jetzt nicht auch noch ertragen zu müssen. Ich setzte mich in die Bahnhofshalle. Es herrschte noch reger Betrieb, vor allem vor dem Männerklo. Typen mit hochgesteckten Haaren, Plateauabsätzen und Krokotaschen, das Bahnhofsklo war die Koblenzer Klappe. Als der Zug kam, stiegen einige von den Strichern ein. Geschäfte in Wiesbaden, Geschäfte in Frankfurt. Die Nacht war ja auch noch jung.

Frankfurt / Main Hbf. Ich stand am Fenster und sah zu, wie die Stadt wieder zusammenwuchs. Ein halber Tag auf dem Land, und schon hatte man Sehnsucht nach den Gleisen, den Stellwerken, dem Togal-Schild über den abgestellten Zügen, dem Ruß, dem Lärm, den Möwen, dem Geheul, dem Gesicht der Masse, in der man verschwinden konnte, um sein eigenes Gesicht zu wahren.

Auf dem Bahnsteig atmete ich tief durch, ich kannte keinen Geruch, der mir mehr bedeutete als der der Stadt. Ich hatte Hunger und schlang eine Rindswurst hinunter. Sie roch auch gut. Langsam schlenderte ich durch die Halle, ich sog die Geräusche in mich ein, ich sammelte die Schnappschüsse. Uniformierte Schwarze tanzten zur Musik ihres Transistorradios, ein alter Penner legte sich mit Bahnhofspolizisten an, Elektrokarren brachten die Postsäcke an die Züge, Jugoslawen forderten lautstark am Bierstand einen letzten Becher. Ein Beau, der einen Stricher umkreiste, die Hure, die auf ihrem Stöckelabsatz umknickte, die Taschendiebe vor dem Bankschalter, elegante Damen mit abweisenden Gesichtern am Arm von Männern, die im Parkverbot standen, indische Familien mit einem Geschwader von Kindern und Kofferkulis, und draußen die Nacht mit dem Gewitter der Sirenen.

Es ging schon auf halb eins, ich hatte noch Durst, diese Art Lesen machte mehr Durst als Schreiben, dieser Literaturbetrieb. Das Schmale Handtuch ließ um diese Zeit keinen mehr rein, den Griechen hätte ich noch schaffen können, die Traube, das Fass, aber da war dann doch auch bald Schluss, ich hatte das Gefühl, heute Nacht treibt es dich um, wenn du zu früh nach Hause kommst, wirfst du Bierbüchsen aus dem Fenster oder die Bücher. Ich nahm eine Tram zur Zeil und rückte in die Hasengasse vor, in der Ecke gab es Pinten mit Nachtkonzession bis um drei, und wenn man dann noch weitermusste, war das Salzhaus nicht weit, und dann das Bahnhofsviertel, der Absturz. Töngesgasse, da war ja schon ein Schild, ich dachte an Fritz, vielleicht war er jetzt auch gerade auf dem Weg in die Cantina, um den Meskal zu trinken, das letzte Glas vor der Nüchternheit, das hoffentlich nie alle wird.

»Ein Pils und einen doppelten Scotch«, sagte ich, als ich am Tresen saß. Der Typ am Zapfhahn musterte mich, aber ich ging noch durch, auch hier, wo mehr das gepflegte Trinken zu Hause war, Butzenscheiben und gedämpftes Licht, auch Küche gab es noch, Rippchen und Frikadellen, Fleischwurst, Kraut, beschwingte Runden, und die Box spielte Satchmo, das alte Jambalaya, das war er, wie ihn jeder gernhatte. Der doppelte Scotch war gerade ein herzhafter Schluck.

»Noch einen doppelten Scotch«, bestellte ich, und allmählich nahm ich auch die anderen Gäste wahr, am Tresen und in den Nischen, das war schon mehr die Frankfurter Nachtwelt, außen hui, innen pfui, aber die Frau, die näher an mich heranrückte, hatte hübsche blaue Augen und einen Ausschnitt, der auch Männer verwirren konnte, die ihr letztes Glas schon lange getrunken hatten. Harry, bleib beim Scotch, sagte ich mir.

»Sag mal, kennen wir uns nicht?«

Die Stimme kam mir bekannt vor. Ich stellte das Bierglas hin und sah mir die Dame genauer an. Blond, blaue Augen, ein etwas grobes Gesicht, diese Backenknochen … ich merkte, wie ich anfing zu grinsen.

»KSV? Besetztes Haus?«

»Na«, sagte sie, »du hast dich ja auch ganz schön verändert.«

Es hatte Gertrud also doch nicht bei den Maoisten gehalten, das lockere Leben hatte gesiegt. Ich guckte mir über ihre Schultern die Typen an, aber Fred mit seinem Äffchen war nicht dabei.

»Das sind Bekannte von mir«, sagte sie, »wir gehn mittwochs immer zum Bowling.«

»Aha. Und was machst du, ich meine … «

»Ich habe eine Boutique im Sandweg, hauptsächlich für Kindersachen.«

»Nicht zu glauben. Und Fred, ich meine, du weißt doch noch, wegen dem du den Zoff hattest … «

»Ach, Fred«, meinte sie wegwerfend, »der sitzt schon lange. Der hat sich furchtbar übernommen, geschäftlich hat er keinen Durchblick gehabt.«

»Ja, und die Politik? Ich will dir ja nicht zu nahe treten, aber du warst doch ziemlich engagiert … «

Sie zündete sich eine Zigarette an. Geraucht hatte sie allerdings schon immer. An einem Finger funkelte ein Diamant. Nichts Großes, was man eben zum Bowling tragen konnte.

»Wieso«, sagte sie dann, »ich bin immer noch engagiert, wenn du so willst, nur eben mehr für mich als für die Chinesen.«

»Noch einen doppelten Scotch«, sagte ich, und dann stießen wir an. Sie trank Sekt.

»Und was machst du jetzt?«

»Tja«, sagte ich, »ich schreibe.«

»So, was schreibst du denn?«

»Ich hab einen Roman rausgebracht, und im Herbst kommt ein Gedichtband.«

»Und davon kannst du leben?«

»Ach, es läppert sich zusammen. Mit einer Boutique verdient man sicher mehr. Aber ich wollte immer schreiben. Und wenn man's dann allmählich in den Griff bekommt, weiß man, warum man es macht.«

»Ah, ja. Weißt du, wen ich neulich in der Stadt beim Einkaufen getroffen habe, weil du gerade von Literatur sprichst? Die Bernadette.«

»So, beim Einkaufen.«

»Ja, sie war auf einen Sprung aus Paris da. Sie hat geheiratet.«

»So, wen denn? Sartre?«

»Nein, aber einen Goetheforscher, ist das nicht witzig?«

»Ja, das finde ich auch witzig.«

Sie blieb noch eine Weile, aber ich hörte nicht mehr richtig hin, und dann verschwand sie mit ihrer Begleitung, und ich fing ernsthaft an zu trinken, auf das Leben im Allgemeinen und auf die Goetheforschung im Besonderen, besonders auf die französische Goetheforschung. Nun, ich war auch ein Forscher, vor allem musste ich dann nach Geld forschen, als ich die Rechnung haben wollte, ich fand, ich hatte genug von dieser Nacht.

»Das macht 96 Mark, Meister«, hörte ich, »und du hast

hier nur 60 und ein paar Zerquetschte, wie seh ich das denn?«

»Da sieht man mal, wie schlecht Dichterlesungen bezahlt werden«, sagte ich, »aber macht nix, ich komm morgen vorbei und zahl den Rest, ich hab ja schließlich eine gute Stellung, ich bin bei der Germania, alles klar?«

»Du lässt dich hier nicht mehr blicken«, sagte einer, und dann hatten sie mich in der Mangel, pass auf, dass du nicht zu Boden gehst, dachte ich noch, ich hielt die Brille fest und bekam noch einen Tritt in den Magen ab, dann lag ich draußen. Das war also das Pflaster. Es schmeckte nicht schlechter als vieles andere, aber gewöhnen wollte ich mich auch nicht daran. Ich suchte meine Brille, bis ich feststellte, dass ich sie in der Hand hielt. Ich setzte sie auf. Aus der Nähe sah dieses Pflaster interessant aus, es gab sogar einen Riss, der durch den Asphalt lief, und in dem Riss spross ein Grashalm. Wenn das so ist, dachte ich, kannst du auch aufstehn.

Nachweis

Der Verlag dankt folgenden Rechteinhaber:innen für die Genehmigung zum Abdruck:

Arjouni, Jakob (1964, Frankfurt am Main – 2013, Berlin)
Im Tal des Todes. Aus: ders., *Idioten. Fünf Märchen.* Copyright © 2003 Diogenes Verlag AG Zürich.

Balzac, Honoré de (1799, Tours – 1850, Paris)
Ein alter Kater. (Titel vom Herausgeber). Aus: ders., *Tante Lisbeth.* Aus dem Französischen von Paul Zech. Erschienen 1977 und 2007 in der Diogenes Verlag AG Zürich.

Čechov, Anton (1860, Taganrog – 1904, Badenweiler)
Lebensüberdruss. Aus: ders., *Gespräch eines Betrunkenen mit einem nüchternen Teufel. Erzählungen 1886.* Erschienen 1976 in der Diogenes Verlag AG. Aus dem Russischen von Wolf Düwel. Copyright der deutschsprachigen Übersetzung © Aufbau Verlage GmbH & Co. KG, Berlin 1965, 2008.

Dörrie, Doris (*1955, Hannover)
Männer. Aus: dies., *Liebe, Schmerz und das ganze verdammte Zeug.* Copyright © 1987 Diogenes Verlag AG Zürich.

Fauser, Jörg (1944, Bad Schwalbach – 1987, München)
Wenn das so ist. (Titel vom Herausgeber). Aus: ders., *Rohstoff.* Copyright © 2019 Diogenes Verlag AG Zürich.

Fitzgerald, F. Scott (1896, St. Paul, Minn. – 1940, West Hollywood)
Nachmittag eines Schriftstellers. Aus: ders., *Der letzte Kuss.* Aus dem amerikanischen Englisch von Melanie Walz. Copy-